Reinhard Thöle

Geheiligt werde dein Name

Reinhard Thöle

Geheiligt werde dein Name

Christliche Gottesdienste
zwischen Anbetung und Anbiederung

Tectum Verlag

Reinhard Thöle
Geheiligt werde dein Name
Christliche Gottesdienste zwischen Anbetung und Anbiederung

© Tectum – ein Verlag in der Nomos Verlagsgesellschaft,
Baden-Baden 2021
ISBN 978-3-8288-4636-4
ePDF 978-3-8288-7708-5
ePub 978-3-8288-7709-2

Umschlagabbildung: Painted ceiling in the Church of Debre Birhan
Selassie, painting of 80 cherubic faces
© PhotoStock-Israel / Alamy Stock Photo

Gesamtverantwortung für Druck und Herstellung:
Nomos Verlagsgesellschaft mbH & Co. KG
Printed in Germany

Alle Rechte vorbehalten

Informationen zum Verlagsprogramm finden Sie unter
www.tectum-verlag.de

Bibliografische Informationen der Deutschen Nationalbibliothek
Die Deutsche Nationalbibliothek verzeichnet diese Publikation in der
Deutschen Nationalbibliografie; detaillierte bibliografische Angaben
sind im Internet über http://dnb.ddb.de abrufbar.

Inhaltsverzeichnis

1.	**Einleitung**	1
	1.1. Phänomen Gottesdienst	1
2.	**Ererbt (Die Wurzeln des Gottesdienstes)**	7
	2.1. Der Gottesdienst des Neuen Testamentes	7
	2.2. Die gottesdienstliche Identität der Kirche	9
	2.3. Weniger als die halbe Wirklichkeit	11
	2.4. Der starke Gott und der schwache Mensch	12
	2.5. Ein irrationaler Kampf mit Gott	14
	2.6. Der beschützte Aufstieg zu Gott	15
	2.7. Eine Operation am offenen Herzen	16
	2.8. Der Partisanenkampf des Widersachers	18
	2.9. Der innere Weg des Gebetes	19
	2.10. Das Stehen vor Gott	21
	2.11. Eindeutigkeit	22
3.	**Gelähmt (In der ökumenischen Welt)**	25
	3.1. Im Zerrspiegel der Kirchen	25
	3.2. Der Gottesdienst als Drama	27
	3.3. Der Gottesdienst ohne Gnade	29

3.4.	Der „gestaltete" Gottesdienst	30
3.5.	Instinktives Wissen	32
3.6.	Doppelgleisigkeit	33
3.7.	Die Entzauberung des Heiligen und die Verzauberung des Säkularen	35
3.8.	Der deklassierte Gottesdienst	36
3.9.	Sanktionierung politischer Ansätze	41
3.10.	Endlager kirchlicher Identitäten	42
3.11.	Übertragungsphänomene	45
3.12.	Kultkritik	47
3.13.	Die Replacement-Attitüde	50
4.	**Zwischen Traditionsbewahrung und Modernismusopfer (In der katholischen Welt)**	**55**
4.1.	Das gestürzte Ideal	55
4.2.	Der verrückte Altar	58
4.3.	Das rekonstruierte Phantom	61
4.4.	Der außerordentliche Schatz im Acker	64
4.5.	Adoptivkinder	66
4.6.	Sakramentaler Kollaps?	69
5.	**Zwischen Hingabe und Berührungsangst (In der orthodoxen Welt)**	**71**
5.1.	Defensive Sakralität	71
5.2.	Vielfalt sucht Einheit	73
5.3.	„Orthodoxokalismus"	74

6. Zwischen aufgeklärter Bibeltreue und Verlust der Identität (In der evangelischen Welt) ... 77

- 6.1. Evangelische Umarmung ... 77
- 6.2. Das protestantische Abendmahlsparadox ... 79
- 6.3. Risiken und Nebenwirkungen ... 85
- 6.4. In der Traumfabrik der Agenden ... 87
- 6.5. Der „Neo-Usus" ... 89
- 6.6. Heimatlose Bruderschaften ... 91
- 6.7. Das Placebo-Kirchenjahr ... 94
- 6.8. Internalisierte Formate ... 96
- 6.9. „Ganz herzlich" ... 97
- 6.10. „Die das noch brauchen" ... 99
- 6.11. Die ausgeloste Deutungshoheit ... 100

7. Verborgen (Die Erde des Weizenkornes) ... 103

- 7.1. Liturgische Subkulturen ... 103
- 7.2. Liturgia abscondita ... 107
- 7.3. Aufklärung durch den Mythos ... 110
- 7.4. Speicherort des religiösen Wissens ... 111
- 7.5. Die Religion der Seele ... 113
- 7.6. Überwältigung ... 114
- 7.7. Liturgie der Seele ... 119

8. Eucharistie in der Katakombe ... 123

- 8.1. Die verfolgte Eucharistie ... 123
- 8.2. Die Automatismen von Segen und Fluch ... 125

8.3.	Symbol und Diabol	128
8.4.	Verloren im Milieu	130

9. Geschenk (Die göttliche Präsenz im Leben) ... 135

9.1.	Im Namen des Vaters – im Kraftfeld des Ursprungs	135
9.2.	Im Namen des Sohnes – Die christozentrische Entschlüsselung	136
9.3.	Im Namen des Heiligen Geistes – die Vergöttlichung des Seins	138
9.4.	Im Mittelpunkt der Zeit	139
9.5.	Der entscheidende Ort	139
9.6.	Eine metahumane Gemeinschaft	140
9.7.	Erwählt, begnadet und vollendet	143
9.8.	Liturgie nach der Liturgie	147

10. Nachfolge (Selbstaufgabe und Selbstfindung) ... 151

10.1.	Abwehrmechanismen	151
10.2.	Archetypisches Priesteramt	153
10.3.	Eintritt in eine biografische Wirklichkeit	155
10.4.	Überlagerungen	157

11. Zukunft ... 161

11.1.	Die gefährlichste Aufgabe der Kirche	161
11.2.	Banalisierung oder Heiligung	164
11.3.	Geheiligt werde dein Name	167

Literaturübersicht ... 171

Quellen	171
Sekundärliteratur	174

1. Einleitung

1.1. Phänomen Gottesdienst

Besucht man in Deutschland die Gottesdienste der verschiedenen christlichen Kirchen und Gemeinden, trifft man auf eine Vielzahl von Gottesdienstformen, die genauso, wie sie miteinander verwandt scheinen, sich gleichzeitig individuell voneinander entfernt haben. Es reicht nicht, die Texte, Formen oder Riten miteinander zu vergleichen, sie liturgie-historisch oder liturgie-theologisch einzuordnen. Man muss sie zugleich wahrnehmen in einem Geflecht von Haltungen, Umgangsformen und Übereinkünften, die durch die kirchlichen Milieus geprägt sind. Man muss dabei etwas erheben und beschreiben, was eigentlich direkt kaum irgendwo geschrieben steht, was aber mindestens genauso sorgfältig tradiert wird wie das, was geschrieben steht. Was in Gottesdienstformularen festgehalten wird, sagt zugleich auch etwas aus über das, was nicht festgehalten wird und was aber implizit immer mitgedacht wird. Dieses ist der praktische Umgang einer Gemeinschaft mit ihrem Gottesdienst, der Bände spricht, während die Formulare eher dünn bleiben. Der Stellenwert des Gottesdienstes ist im offiziellen und im privat adaptierten Glaubensleben höchst unterschiedlich angesiedelt. Nicht alles, was man offiziell sagt oder als Gebet formuliert, muss auch so gemeint sein. Man hat es mit den blinden Flecken verschiedener, manchmal höchst unreflektierter Vorbehalte und Urteile zu tun, die auch von denen tradiert werden, die nicht speziell theologisch oder liturgisch interessiert sind. Diese blinden Flecken sind konfessionspsychologisch verankert. Sogar Menschen, die aus der Kirche ausgetreten sind, und Menschen, die nie einen Gottesdienst besucht haben, äußern oft festgefügte, vulgär-konfessionell verortbare Meinungsklischees dazu, was ein Gottesdienst ist oder sein sollte.

Auf Dienstbesprechungen in den Pfarreien, bei Pfarrkonferenzen und Kirchenleitungssitzungen bekommt man informell aber doch sehr deutlich zu hören, was der Gottesdienst den Beteiligten wirklich „bedeutet" – jenseits von dem, was offiziell gesagt wird. Vorbereitungsteams von gottesdienstlichen Veranstaltungen fühlen sich als Elite liturgischen Wissens und Könnens. Dort kann man dann eine Palette augenzwinkernder Gesten und Anspielungen erleben, angefangen bei beredtem Schweigen über Kichern bis hin zu Kopfschütteln. Diese sind ebenso wie die kleinen begeisterten, schwärmerischen oder bissigen Kommentare ein Lesebuch eigener Art über die stillschweigenden Übereinstimmungen einer verschworenen konfessionellen Milieugemeinschaft im Verhältnis zum eigenen Gottesdienst. Diejenigen, die von Berufs wegen zum liturgischen Personal gehören, begegnen den Gemeinden und der Öffentlichkeit genauso wie sich selbst mit einer Mischung von adaptierter Theologie und persönlichem Umgang mit dem Phänomen Gottesdienst. So wie man in der Jazzmusik „Tanztypen" erlernt, bei denen Musiktraditionen der persönlichen Adaption, Inspiration und Fähigkeit begegnen, hat das Phänomen Gottesdienst „Liturgietypen" hervorgebracht und auch menschliche Typen geprägt, die sich gegenseitig beeinflussen und bedingen. Besucht man einen Gottesdienst, trifft man auf einen Entwurf von verantworteten Texten und Riten des Gottesdienstes genauso wie auf ein Programm von verborgenen Emotionen und versteckten Haltungen. Beide Teile bilden eine Art Psychogramm, das zum Wohle oder Wehe des Gottesdienstes beiträgt, das aber gleichzeitig eine eindeutige Botschaft aussendet an die, die sich auf den Gottesdienst einlassen.

Dabei bilden der Ritus und der Umgang mit ihm ein Schlüsselelement. Der Ritus sagt mehr aus, als von denen angenommen wird, die ihn als Geflecht von Absprachen zu einem sozialen und pädagogischen Geschehen ansehen. Der Ritus bringt zugleich Elemente des Irrationalen und Unbewussten zum Ausdruck. Dem Ritus entkommen auch die blinden Flecke der eigenen unreflektierten Denkvoraussetzungen nicht. Da der gottesdienstliche Ritus in einer Beziehung zum Religiösen steht, ist er Kundgabe von persönlichen und kollektiven Sensibilitäten. Ein Ritus kann ungewollt Gegensätzliches vermitteln, zum Beispiel können ernst gemeinte und durchgeführte Riten ungewollt lächerlich wirken. Ein Ritus kann bei gleicher Textgestalt gottesfürchtig oder blasphemisch sein. Ein Ritus offenbart immer auch eine Entschlüsselung des Persönlichen. Man könnte es so sagen: „Zeige mir den Gottesdienst, den du feierst, und ich sage dir nicht nur, welche Theologie du vertrittst, sondern auch, welchen Charakter du hast." Ein Ritus bringt mehr zum Ausdruck, als es den Beteiligten bewusst ist, als sie es vielleicht beabsichtigen und als es ihnen vielleicht sogar lieb ist. Dies mag auch ein Grund für die hohe Emotionalität bis hin zur Aggressivität sein, die eine Besprechung gottesdienstlicher Fragen hervorrufen kann. Kleine Änderungen an dem angewöhnten Gottesdienstklischee können großen Ärger auch bei denen hervorrufen, die kaum an Gottesdiensten teilnehmen. Einfache Beobachtungen, die noch nicht einmal bissig kommentiert worden sind, können trotzdem Entrüstungen auslösen, weil sie unbeabsichtigt zu Entlarvungen geführt haben.

Im Folgenden werden in einer nicht streng systematisierten Abfolge einige Beobachtungen und Informationen zum Phänomen Gottesdienst zusammengestellt und kommentiert. Diese stehen wie einzelne bunte Elemente nebeneinander, sind aber trotzdem wie ein Kaleidoskop miteinander verbunden und formen ein Gesamtbild – je nachdem, wie man das Kaleidoskop dreht. Die einzelnen Kapitel überschneiden sich gelegentlich inhaltlich, stehen dann aber in verschiedenen Kontexten. Man kann sie auch je nach Interesse in unterschiedlichster Reihenfolge lesen. Dieser Entwurf eines Psychogramms der verschiedenen Kirchen und Konfessionen in ihrem Umgang mit dem Gottesdienst muss zwangsläufig sehr subjektiv und damit angriffig bleiben. Er versucht, die Ebene von offiziellen und privaten textlichen und theologischen Entwürfen von Gottesdiensten mit zwei anderen Eben zusammenzuschauen.

Das ist zum einen der Ausdruck der kirchlichen Milieus im Umgang mit ihren Gottesdiensten. Diese Milieukomponente kann nur sehr schwer erfasst werden, weil in ihr oft versteckt stillschweigend solidarisch vertretene unverrückbare Haltungen und Absichten stehen. Vorurteile und unbewusste Denkvoraussetzungen werden offiziell nicht ausgesprochen, sind aber nicht zu übersehen.

Die andere Ebene kann man überhaupt nicht ergründen oder zum Ausdruck bringen, wenn man sie aber übersieht, bricht ein Essential des Gottesdienstes weg. Es ist die Tatsache, dass man es mit Gott selbst zu tun hat, der im Gottesdienst handelt, spricht und verborgen zu finden sein muss, wenn man ihn überhaupt dort sucht. Versucht man, ein Psychogramm christlicher Gottesdienste zu beschreiben, betritt man zwangsläufig ein ungesichertes Feld, das bislang kaum bearbeitet ist. Es findet seinen Ausdruck vielleicht manchmal deutlicher in beiläufigen literarischen Erwähnungen und in szenischen Darstellungen der Filmkunst. Man kann eigene Feststellungen kaum von subjektivem Beobachten, Erfahrungen, Erinnerungen und Einschätzungen freihalten und berührt theologische, konfessionelle und persönliche Tabus. Daher muss man mit entsprechenden Reaktionen rechnen. Holzschnittartige Überzeichnungen bringen auch die Gefahr des Abgleitens in die Skurrilität, vielleicht auch in einen hilflosen Zynismus mit sich. Dies möge man verstehen und zugleich entschuldigen.

2. Ererbt (Die Wurzeln des Gottesdienstes)

2.1. Der Gottesdienst des Neuen Testamentes

Das Neue Testament überliefert keine eigenen Liturgieformulare. Aber das Neue Testament bezeugt die gottesdienstliche Praxis der ersten nachösterlichen Gemeinden und deren theologische Reflexion über den christlichen Gottesdienst. Es enthält einzelne Abschnitte, die ihren Sitz im Leben im Gottesdienst zu haben scheinen. Es ist jedoch keinesfalls so, dass die Überlieferung des Gottesdienstes und die Schriften des Neuen Testamentes zwei getrennte Ströme sind, die unabhängig voneinander gedeutet oder verstanden werden können. Die Sammlung der Worte, Lehren, Gleichnisse und Taten Jesu ist nicht ein Florilegium von Gedanken, die für die Menschen irgendwie wertvoll sind, sondern ist mit der Person Jesu, seinem Geschick und dem Glauben an ihn verbunden. Wer nicht weiß, wer er (Jesus) ist, der versteht seine Worte und Taten letztlich nicht. Das gilt auch für den Gottesdienst. Wer das Versprechen Jesu, dass er persönlich anwesend sein will in der Zusammenkunft von zwei, drei oder mehreren Christen, die sich in der Vollmacht seines Namens versammeln, nicht ernst nimmt, der versteht nicht, worum es im Gottesdienst geht (Mt 18, 20). Beides, die gottesdienstliche Erfahrung seiner Gegenwart und die Sammlung der Worte und Taten Jesu, umfangen sich gegenseitig in der Person des Gottessohnes.

Beide Überlieferungen haben ihren Ausgangspunkt in der nachösterlichen Situation, in der der gekreuzigte Gottessohn

2. Ererbt (Die Wurzeln des Gottesdienstes)

als der Auferstandene als Gegenwärtiger zu den Jüngern kommt, ihnen sein Geschick erklärt, die Schriften auslegt und mit ihnen den Gottesdienst feiert. Die schriftlich gefassten Evangelien sind theologisch gedeutete und in der nachösterlichen Situation zusammengestellte Narrationen, die das vorösterliche Leben Jesu einordnen, reflektieren, zuspitzen und dabei bis in die Überlieferung des Alten Testamentes zurückgehen. Der nachösterliche Gottesdienst folgt demselben Reflexionsmuster. Die Erfahrung der Gegenwart des Auferstandenen und seine Mahlfeier mit den Jüngern sind der Ausgangspunkt des Gottesdienstes.

Schon die nachösterlichen Mahlerzählungen sind verschlüsselte Hinweise auf die eucharistische gottesdienstliche Erfahrung mit dem Auferstandenen. Die synoptischen Abendmahlsberichte gehen einen Schritt zurück auf das vorösterliche letzte Abendmahl am Gründonnerstag und stellen dieses Mahl in den Zusammenhang des Passahmahles. Auch die Speisungswunder und die Einladungen zum Gastmahl des Hausherrn können nicht mehr ohne den nachösterlichen eucharistischen Bezug verstanden werden. Dies gilt sogar für die Versuchungsüberlieferung. Die Gebetspraxis des irdischen Jesus wird darum auch für die nachösterliche Gemeinde interessant. Sie überliefert das Vaterunser als Gebet seines Lebens und die Seligpreisungen als Eulogie über sein Schicksal. Das Verhältnis Jesu zum Tempel, die persönliche Frömmigkeiten des Psalmengebetes und der Segnungen schlagen die Brücke zum Alten Testament. In der Reflexionsform der Typologie lassen sich viele Verbindungen zur Eucharistie herstellen, so z.B. das Manna in der Wüste (2. Mose 16), das Bundeszeichen der Präsenzbrote in der Stiftshütte im Tempel (3. Mose 24), das Opfer von Brot und Wein des Hohepriesters Melchizedek (1. Mose 14). Die Brotrede von Joh 6 bezeugt bereits Aussagen einer eucharistischen Theologie. Dies gilt auch für den Abendmahlsbericht von 1. Kor. 10. Fünfmal findet im Neuen Testament der heilige Kuss Erwähnung, den manche Exegeten auch in den Zusammenhang des nachösterlichen Mahles stellen. Die Offenbarung (Apokalypse) des Johannes beschreibt die Vision der Versammlung der 24 Ältesten um Christus am Tag des Jüngsten Gerichtes (Offb 4, 5, 7, 11, 19) und weist auf die eschatologische Ausrichtung der Eucharistie hin. All diese Textstellen sind nicht theoretische Hinweise auf eine zu vermutende Mahltradition, sondern umgekehrt hat die gefeierte Mahltradition den Textbestand geprägt.

Zugespitzt muss man also formulieren, dass das Neue Testament nicht ohne die Erfahrung des gefeierten nachösterlichen Mahles mit dem Auferstandenen entstanden ist und auch ohne diesen Schlüssel nicht zu verstehen ist. Umgekehrt bewahrt, deutet und veredelt die Feier der nachösterlichen Eucharistie die Narrationen über den Auferstandenen und stellt einen lebendigen Rahmen für Auslegungen zur Verfügung. In dieser Sichtweise umfangen, bedingen und befruchten sich die Überlieferungen des Neuen Testamentes und die Feier der Eucharistie gegenseitig. Ein Auseinanderreißen dieser engen Bezogenheit aufeinander hätte eine zerstörerische Wirkung bis in die Wurzel der Auferstehungserfahrung.

2.2. Die gottesdienstliche Identität der Kirche

Die aus der östlichen orthodoxen Theologiegeschichte des 19. und 20. Jahrhunderts stammende Entwicklung der „eucharistischen Ekklesiologie" geht davon aus, dass die Kirche, noch bevor man sie scholastisch-ontologisch oder soziologisch-funktional definieren kann, als gottesdienstliches Ereignis angesehen werden muss. Im 1. Korintherbrief beschreibt der Apostel Paulus eine sich gegenseitig bedingende Identität der Abendmahlsgaben und der feiernden Gemeinde. „Der gesegnete Kelch, den wir segnen, ist der nicht die Gemeinschaft des Blutes Christi? Das Brot, das wir brechen, ist das nicht die Gemeinschaft des Leibes Christi? Denn ein Brot ist's: so sind wir viele ein Leib, weil wir alle an einem Brot teilhaben" (1. Kor 10, 16f.) befindet sich in Übereinstimmung mit: „Ihr aber seid der Leib Christi und jeder von euch ein Glied" (1. Kor 12, 27). Die Gaben von Leib und Blut Christi, von denen der dazwischenstehende Abendmahlsbericht (1. Kor 11, 23–25) spricht, werden damit ekklesiologisch entfaltet. Die Identität der verschiedenen Ortsgemeinden wird durch die eucharistische Feier begründet, qualifiziert und bewahrt. In jeder Ortsgemeinde ist mit dieser Gegenwart Christi die ganze Fülle des Heiles vorhanden. Die einzelnen Kirchen entfalten aus der gemeinsamen Feier des Heiligen Abendmahles eine umfangreiche Einheitsvision im Glauben. Wer so im Leibe Christi vereinigt ist, der ist vereinigt auch in der Liebe, in der Taufe, in der Heiligung und in der eschatologischen Erwartung. Die eucharistische Ekklesiologie ist von den orthodoxen und orientalischen Kirchen angenommen worden, als hätten sie diesen Ansatz immer vertreten. Die anglikanischen und altkatholischen Kirchen haben sie ebenfalls adaptiert. Auch in der römisch-katholischen Kirche lassen sich Grundzüge dieser Ekklesiologie bis zum Zweiten Vatikanische Konzil verfolgen. Die Bezeichnung von Kirche als „corpus Christi mysticum" setzt die sichtbare Kirche mit dem mystischen Leib der Kirche nach dem Vorbild der Zwei-Naturen-Lehre Christi in Beziehung und ist „nur in ihrer untrennbaren Verbundenheit mit der Gemeinschaft der in Christus Gerechtfertigten" (*Karl-Heinz Menke*, 116) möglich und überhaupt wirklich („*subsistit*", Lumen Gentium 8). Auch die lutherische Tradition könnte eine natürliche Konvergenz der eucharistischen Ekklesiologie mit der von ihr oft zitierten Grundformel von CA VII feststellen: „Es wird auch gelehrt, dass allezeit eine heilige, christliche Kirche sein und bleiben muss, die die

Versammlung aller Gläubigen ist, bei denen das Evangelium rein gepredigt und die heiligen Sakramente laut dem Evangelium gereicht werden. Denn das genügt zur wahren Einheit der christlichen Kirche, dass das Evangelium einträchtig im reinen Verständnis gepredigt und die Sakramente dem göttlichen Wort gemäß gereicht werden." Sie tut es aber allenthalben nur formal, da sie zur Feier des Heiligen Abendmahles leider nur ein paradoxes und weithin defizitäres Verhältnis erkennen lässt. Wie die Feier des Heiligen Abendmahles mehrere Generationen lang im Anschluss an den Gemeindegottesdienst gelegentlich gefeiert wurde, bleibt die Theologie des Altarsakraments eine Art Anschlusskapitel an andere Überlegungen.

2.3. Weniger als die halbe Wirklichkeit

Die Erforschung der Eigenart des Gottesdienstes hat es mit einer eigenartigen Voraussetzung und Widersprüchlichkeit zu tun. Der Gegenstand des Interesses entzieht sich allen Versuchen, ihn zu erfassen, gar ihn wissenschaftlich in den Griff zu bekommen. Wenn der Gottesdienst eine Synergie von göttlichem und menschlichem Handeln ist, können wir eigentlich nur über die menschliche Seite sprechen. Liturgiewissenschaft erforscht die Text- und Theologiegeschichte der Gottesdienste der verschiedenen Riten oder Denominationen. Sie kann vergleichen, klären, Linien ziehen, Forderungen und Ideale beschreiben. Sie erfasst dabei jedoch immer nur den menschlichen Teil der Synergie, der göttliche Anteil bleibt verborgen. Der gefeierte Gottesdienst selbst enthält unendlich mehr Elemente, als der reflektierte Gottesdienst es beschreiben kann. Die Dimension des göttlichen Handelns in dieser Synergie bleibt unaussprechlich. Es verbietet sich jegliche Vermutung über Gottes Motive, seinen Willen und seine Fähigkeiten, um nicht sofort in den Bereich der Blasphemie zu geraten. Auch theologische Denk- und Definitionsformen über gottesdienstliche Elemente oder Tatsachen bleiben im Menschlichen stecken und atmen menschliche Schwäche. Wir können über die Gegenwart Gottes im Gottesdienst nicht verfügen, geschweige denn, sie beherrschen. Eine Liturgiewissenschaft müsste bei aller wissenschaftlicher Gründlichkeit bei der Erforschung der menschlichen Ebene bescheiden bleiben und dürfte nicht vergessen, auf diese sich dem Zugriff der Vernunft entziehende Ebene göttlichen Handelns hinzuweisen. Nicht selten ist es im Laufe der Geschichte zu Unglücken dadurch gekommen, dass eine falsch behauptete göttliche Legitimation menschlicher Ansätze zu Fanatismus oder zur Gleichgültigkeit geführt hat. Vermutlich erfasst die menschliche Analyse des Gottesdienstes deutlich weniger als die halbe Wahrheit und viel weniger als die halbe Wirklichkeit.

2.4. Der starke Gott und der schwache Mensch

Geht man von dem dogmatischen Ansatz der Zwei-Naturen-Lehre aus, ist der Gottesdienst zugleich ganz göttliches und ganz menschliches Geschehen. Dies zu Ende zu denken, ist fast unmöglich. Wir betreten im Gottesdienst einen Raum, in dem sich ein dialektisches Aufeinandertreffen und gegenseitiges Durchdringen des heiligen, starken und unsterblichen Gottes mit dem sündigen, schwachen und sterblichen Menschen ereignet. Das heißt, dass jedes äußerliche und innere Element des Gottesdienstes durch den Menschen bewusst oder unbewusst desavouiert und entstellt werden kann. Der Gottesdienst kann durch menschliche Schwächen aller Art völlig gestört bis zerstört werden, und trotzdem kann das göttliche Handeln alle Zerstörungen auffangen und wandeln. Der Mensch hat keine andere Chance, als sich mit seinen Schwächen mehr noch als mit seinen Stärken der göttlichen Dimension hinzugeben und zu hoffen, dass die Stärke Gottes seine Schwächen überwindet. Dies ist die kreatürliche Grundbedingung des menschlichen Lebens und wird im Psalmgebet mit dem Lechzen des Hirsches nach frischem Wasser und dem Schreien der Seele zu Gott beschrieben (Ps 42). Im Gottesdienst ruft die dürstende Seele der Kreatur Mensch in ihren irdischen Bezügen nach einer Begegnung mit Gott. Diese Begegnung kann der Mensch nicht machen, nicht verlangen, sondern nur ersehen und erbitten. Bei dieser Begegnung hat der Menschen aufgrund seiner kreatürlichen Dimension erhebliche Schwierigkeiten, Gott zu erfassen. Er muss davon ausgehen, dass er sich im Gottesdienst täuschen kann und muss. Dort, wo er meint, dass Gott ganz fern und unerkennbar bleibt, kann es sein, dass er verborgen doch ganz nah ist. Und dort, wo der Mensch meint, dass Gott ganz nah sein muss, oder seine Nähe sogar gefühlt oder inszeniert wird, kann es sein, dass er ganz fernbleibt. Es ist Gottes Angelegenheit, ob er in der Verkündigung, im sakramentalen und segnenden Handeln spürbar als anwesend oder abwesend erlebt oder erkannt wird. Der Bipolarität von Stärke und Schwäche des Menschen begegnet er mit seiner Souveränität von Verborgenheit und Nähe. Er allein bestimmt mit seinem Willen den Grund und das Geschehen des Gottesdienstes. Der Mensch hat keine andere Möglichkeit, als sich diesem komplizierten und ungleichen Geschehen des Gottesdienstes hinzugeben. Der Mensch muss im Gottesdienst nach Gott schreien in der Hoffnung, dass die göttliche Dimension die menschliche überwältigt. Insofern hat der Ansatz der Zwei-Naturen-Lehre eine optimistische Dimension. Vielleicht ist diese optimistische Hoffnung auch die Verbindung zum Anliegen der orientalischen Kirchen, die der miaphysitischen christologischen Tradition folgen. Der Gottesdienst ist ein asymmetrisches, metarationales, emotional nicht einzufangendes dynamischen Geschehen zwischen Gott und Mensch. Es ist die Mischung zwischen irdischem Wasser und göttlichem Wein, die das gottesdienstliche Geschehen aufregend und zu einer Quelle des christlichen Lebens macht.

2.5. Ein irrationaler Kampf mit Gott

Die biblischen Überlieferungen, die von menschlichen Begegnungen mit Gott erzählen, enthalten Hinweise und Muster, die zum Charakter des Gottesdienstes passen. Denn bei ihm geht es ebenfalls um eine Gottesbegegnung. Der geheimnisvolle nächtliche Ringkampf des Jakob am Jabbok, der im Buch Genesis (1. Mose 32, 23–33) erzählt wird, beschreibt damit Zugänge zum Gottesdienst. Der Mensch hat sich diesen Kampf nicht ausgesucht, er bestimmt weder Zeit noch Ort. Er wird in den Kampf verwickelt und kann sich ihm nicht entziehen. Der Kampf findet in einer undurchschaubaren Situation statt. In der Nacht sind die Sinneseindrücke und Verarbeitungskomponenten der Seele besonders stark. Bei diesem Ringen scheinen die göttliche und die menschliche Dimension dieses Kampfes lange Zeit gleich stark zu sein. Der Kampf kostet Kraft und hinterlässt sogar sichtbare Verletzungen. Während des Kampfes scheint der Mensch einen Erfahrungsprozess zu durchlaufen, nämlich, dass er dieses Ringen mit Gott, von dem er überfallen wurde, eigentlich benötigt und auch will. Der Kampf wird vom Menschen als hilfreich und nötig empfunden. Er merkt dabei, wer er ist und mit wem er es zu tun hat. Er erfährt und erprobt die Kräfte, um die es im Leben geht. Der Kampf verändert und bereichert ihn, aber er bleibt doch in seiner Persönlichkeit ganz er selbst. Bei dem Kampf geht es, ohne dass er es von Anfang an weiß, um das verborgene Angesicht Gottes. Der ganze Kampf wird anscheinend von einer segnenden und damit sogar wohltuenden Verborgenheit durchzogen. Der Mensch möchte, fast wie in einem Suchtgeschehen, mit diesem Kampf nicht aufhören und verlangt als Abschluss nach einem Segen, um die Erfahrung dieses Kampfes in den Tag hineinzunehmen. Dieser Kampf kostet Kräfte, aber setzt zugleich ungeahnte Energien frei. Dieses Ringen mit Gott ist eine Identitätstherapie für den Lebenskampf des Menschen.

Alles, was hier zu diesem Ringen Jakobs mit Gott beschrieben worden ist, kann direkt auf das gottesdienstliche Geschehen übertragen werden. Das heißt dann, dass jede Mitfeier eines Gottesdienstes zugleich auch die Dimension eines Ringens mit Gott hat.

2.6. Der beschützte Aufstieg zu Gott

Der Gottesdienst ist kein eindimensionales Geschehen, bei dem die Glaubenden wie in einer Spielshow locker moderiert durch die Sendung geführt werden und nebenbei die Spielregeln gelehrt bekommen. Es handelt sich vielmehr um das Verlassen der Ebene des alltäglichen profanen Lebens. Treppenstufen, die zum Altar hinaufführen, sind im Kirchengebäude ein Hinweis darauf, dass es sich um einen äußeren und innerlichen Aufstieg handelt. Begriffe wie Hochaltar, Hochgebet weisen auf ein differenziertes Gebets- und Verkündigungsgeschehen hin. Es ist weder örtlich noch psychologisch zufällig, dass Gottesbegegnungen und Gottesoffenbarungen auf „den Bergen" geschehen, zu dem der Glaubende seine Augen erhebt (Ps 121).

Es lässt sich anhand der Bergüberlieferungen eine spezielle Heilgeschichte entschlüsseln: Auf dem Gebirge Ararat kommt die Arche Noahs zur Ruhe (1. Mose 8). Gott erscheint auf dem Berg Horeb im brennenden Dornbusch. Abraham besteigt zur Opferung Isaaks einen Berg im Land Morijah. Der Berg Zion wird mit der Bundeslade als Wohnsitz Gottes betrachtet. Auf dem Sinai werden dem Volk Gottes die Tafeln mit den Geboten übergeben. Wenn Jesus in Einsamkeit beten will, zieht er sich auf einen Berg zurück. Auch in der Versuchungsgeschichte wird Jesus vom Widersacher auf einen hohen Berg geführt. Der Berg der Seligpreisungen ist eine Neuinterpretation des mosaischen Gesetzes. Die Verklärung Jesu geschieht auf einem Berg, auf dem nicht zufällig Mose und Elija erscheinen. Die Rede über die Endzeit wird von Jesus auf dem Ölberg gehalten. Die Kreuzigung erfolgt auf dem Hügel Golgatha. Auch der Seher der Johannisapokalypse erblickt das neue Jerusalem auf einem hohen Berg.

Der Mensch wird zu dem Ereignis der Gottesbegegnung gerufen, wird aber dabei begleitet, weil er diese Gottesbegegnung nicht von sich aus herbeiführen kann. Er kann auch selbst nicht fordern, was er bei diesen Begegnungen darf oder soll. Er kann nicht eigenmächtig mit der Gottesbegegnung umgehen. Es werden ihm vorbereitende Handlungen, auch Warnungen mit auf den Weg gegeben, und er wird wieder zurückbegleitet.

Der äußere aufsteigende Weg zu Gott soll von einem inneren aufsteigenden Weg begleitet sein. Äußerlichkeiten sind hier nicht überflüssig, sondern Ausdruck der inneren, seelischen Befindlichkeit. Das Gebet und der Gottesdienst haben eine innere und äußere Eigengesetzlichkeit, die miteinander korrespondieren. Diese sind nicht beliebig oder ersetzbar. Der Gottesdienst ist die von ihm selbst begleitete Kunst der Gottesbegegnung.

2.7. Eine Operation am offenen Herzen

Jeder Gottesdienst ist aber auch ein innerer und innerlicher Erkenntnisprozess und Kampf des Menschen mit sich selbst. Das evangelische Kirchenlied „Schaffe in mir, Gott, ein reines Herz" (*Joh. Georg Wiener* 1646) wurde von Generationen vor der Feier des Heiligen Abendmahles gesungen. Hierbei geht es um mehr als um das Erkennen und Bekennen von Schwächen und Sünden, es ist ein Eintritt in einen vom Heiligen Geist geleiteten Vorgang, in dem der Mensch sich selbst als in seiner Seele von Ängsten, Unsicherheiten und Stürmen bedroht ansieht. Zugleich ist es das Suchen des Menschen, dessen Schritte leicht stolpern, nach einem sicheren Weg und das Erschrecken des Menschen über sich und sein Bündel von fragwürdigen Motivationen, unentrinnbarem Neid und Begierden, verwickelten Strebungen, falschen Illusionen und täuschenden, verderblichen Irrtümern der Welt. Diesen Prozess kann der Glaubende in und vor dem Gottesdienst nur in der Gegenwart und mit der Hilfe Gottes bewältigen. Er muss dafür sein Herz gegenüber Gott so öffnen, wie er es wohl in keiner menschlichen psychotherapeutischen Situation könnte. Diese vertrauensvolle und schonungslose Öffnung kostet Kräfte. Sie ist eine Biografie-Arbeit in unterschiedlichen Dosierungen. Manche ostkirchlichen Liturgiebücher empfehlen dem Priester, vom Vorabend oder Mitternacht an zu fasten und mit allen versöhnt zu sein und die Liturgie nur zu feiern, wenn er in seinem Herzen keinen Groll trägt. Das offene Herz erfährt dann im Gottesdienst eine Behandlung und Stärkung, eine Stillung der Stürme der Seele und eine Lenkung seiner Schritte. Im ostkirchlichen Gebet zur Nachtruhe ersehnt man die Hilfe Gottes, um sein Herz zu bewahren vom Gestürm der Leidenschaften, den tückischen Feuerpfeilen des Bösen und den Begierden des Fleisches, und möchte Ruhe finden vom erdverhafteten Nachsinnen, um frei zu werden für die Verherrlichung des Namens Gottes. Das Ringen um das reine Herz steht unter der Verheißung: „Selig sind, die reinen Herzens sind, denn sie werden Gott schauen." (Mt 5, 8)

2.8. Der Partisanenkampf des Widersachers

Das Zentrum der christlichen Glaubenserfahrung ist die Begegnung der Glaubenden als gottesdienstliche Gemeinde mit dem Auferstandenen, die sich in der Feier der Eucharistie ereignet. Man könnte vielleicht sogar von „Auferstehung in die Eucharistie" (in Anlehnung an einen Ansatz von *Rudolf Bultmann*) sprechen. Wenn die Eucharistie diese genuine, überzeugende Kraftquelle des christlichen Glaubens ist, dann müsste der Widersacher einen verdeckten Kampf gegen alle Ebenen des eucharistischen Geschehens führen. In der Versuchungserzählung (Mt 4) findet die zweite Versuchung nicht zufällig auf der Zinne des Tempels statt. Der Versucher will sich über das innere Geheimnis des Tempels erheben und es mit einem theologisch vorsätzlich falsch gedeuteten äußeren Spektakel entwerten. Damit attackiert er die Geschichte Gottes mit seinem Volk Israel. Auch die erste und die dritte Versuchung betreffen eucharistische Dimensionen. Sie wollen nämlich die wunderbare Speisung der Tausend und den Opfercharakter des Mahles, das Jesus mit seinem Kreuzestod verbunden hat, entkräften. Im Laufe der Geschichte des eucharistischen Gottesdienstes hat es eine Fülle von verdeckten pseudotheologischen, psychologischen und institutionellen Angriffen auf die Eucharistie gegeben, bis hin zu irrationalen, selbstzerstörerischen innerchristlichen Kämpfen. Man könnte von einer Geschichte des ständigen Kampfes um die Eucharistie – und damit verbunden auch einen Kampf gegen die Eucharistie – sprechen. Vielleicht hat es daher nicht nur von außen, sondern gerade auch innerhalb der Kirche eine sehr geschickte und gerissene „Eucharistieverfolgung" gegeben. Alle Ebenen der theologischen Traditionen, des gefeierten Rituals und der kirchlichen Autorität bieten Angriffsflächen. Keine der klassischen theologischen Aussagen über die Eucharistie blieb unwidersprochen oder unangefochten. Das eigentliche Ziel des Widersachers wäre dabei natürlich, die Realpräsenz des Christus in der Eucharistie zu desavouieren, lächerlich zu machen, zu leugnen oder zu marginalisieren und damit aus den Angeln zu heben.

2.9. Der innere Weg des Gebetes

Die überlieferte Praxis der Ostkirche über das Herzens- oder Ruhegebet geht von der Anrufung des Namens Jesu aus, denn „wer den Namen des Herrn anrufen wird, der soll gerettet werden" (Apg 2, 21). Es wird eingeübt, dass der Name Jesu gemäß der Aufforderung „Betet ohne Unterlass" (1. Thess 5, 17) ununterbrochen angerufen wird und mit dem Herzschlag und dem Atemrhythmus verschmilzt. Die hartnäckige Anrufung Jesu durch den blinden Bartimäus „Jesus, du Sohn Davids, erbarme dich meiner!" führt zur Erhörung von dessen Bitte, sehend zu werden (Mk 10, 46–52). Die Gebetslehre des Herzensgebetes beschreibt die Einübung eines meditativen Weges, bei dem die äußerliche Methode der Anrufung, oft auch unter Verwendung einer Gebetsschnur oder Gebetsleiter, zu einer innerlichen Verschmelzung und Wandlung des persönlichen Lebens der Betenden und ihrer Lebenszusammenhänge mit Gott führt.

Die Betenden durchlaufen im Gefäß des Herzensgebetes verschiedene zusammenhängende, aber unterscheidbare Etappen der Erfahrung mit sich selbst unter der ständigen Anrufung des Namens Jesu. Keine dieser Phasen ist vom Menschen selbst machbar oder herstellbar, sondern alle bedürfen der Hilfe Gottes. Da ist zuerst die Phase des einfacheren Gebetes, des zerknirschten Herzens, des Dankes und Bittens, des Denkens und Wollens. Dann tritt man in der meditativen Etappe ein in einen Dialog mit Gott, bei dem sich der Intellekt mit dem Herzen verbindet und verschiedene Themen und Assoziationen auch aus biblischen Texten wie den Psalmen berührt werden. Bei diesem „abwechslungsreichen Gebet" können scheinbar verschiedene Themen unverbunden nebeneinanderstehen. Es folgt der Übergang in die kontemplative Spanne. In dieser Schwelle sollen die Betenden bewusst eine Äußerung der Liebe Gott gegenüber vollziehen und für den Willen Gottes ohne Vorbehalte bereit sein. Die darauffolgende Spanne kann man nicht mehr beschreiben – es ist das Ruhen in Gott, eine Erfahrung der Einigung mit ihm jenseits aller menschlichen Bestrebungen.

Diese Stufen des Herzensgebetes sind auch für den Gottesdienst erheblich. Die Rufe der Gemeinde nach dem „Kyrie eleison" durchziehen besonders den ostkirchlichen Gottesdienst. So durchläuft das gesamte gottesdienstliche Geschehen das Muster der Erfahrung des Herzensgebetes und kann mit ihm synchron gesehen werden: der Beginn mit dem zerknirschten Sündenbekenntnis, der Lobgesang, die willentlichen Bitten für das eigene Leben und das Leben der Welt, der Dialog mit den heiligen Schriften. Für den Übergang zum Heiligen Mahl beschreiben viele kirchliche Traditionen eine innere Zäsur, bei der ein Zeugnis der Liebe abgelegt werden soll, eine „Opfergesinnung" erreicht werden soll oder die irdischen Sorgen abgelegt werden sollen. Manche Traditionen schieben hier auch einen Bußritus ein. Klar ist auf jeden Fall, dass man nun eintritt in ein besonderes, inneres Geheimnis des christlichen Gottesdienstes, in dem eine Art Vereinigung mit Gott erfolgt. Die ostkirchliche Lehre des Herzensgebetes verschweigt nicht, dass es auch zu Fehlern und Missständen bei diesem inneren Weg kommen kann, und beschreibt diese als „spirituelle Trockenheit und Lauheit". Es kann sogar zum „Verlust des Zieles" der Gottesbegegnung kommen. Dies gilt ebenso für den Gottesdienst. Der Gottesdienst ist kein eindimensionaler, pädagogisch konzipierter Weg, bei dem sich die Besucher in die Gondel einer Geisterbahn setzen, durch verschiedene Schrecken und Szenarien gefahren werden und zum Schluss wieder an derselben Stelle aussteigen müssen.

2.10. Das Stehen vor Gott

Das Stehen vor Gott meint nicht bloß eine äußerliche Körperhaltung, sondern die Einnahme einer inneren Haltung, die eine Hinwendung und Zuordnung zum verborgenen göttlichen Handeln im Gottesdienst anzeigt. Es ist die Haltung der Bereitschaft, der Ehrfurcht und des Empfangens im gottesdienstlichen Geschehen. Das Stehen vor Gott ist eine Einübung, um ein tieferes Beten jenseits der verwendeten Worte zu ermöglichen. Beten ist nicht ein gegenseitiges Informationsgeschehen zwischen Gott und Mensch. Das Stehen vor Gott ist zugleich körperlich gelöst wie auch seelisch entkrampft. Das Stehen vor Gott zeigt auch an, dass Menschen nicht Träger oder Macher des Gottesdienstes sind, sondern letztlich diejenigen, die hinzutreten zu dem, was Gottes Taten sind, und sich in den Gottesdienst der Ewigkeit einreihen, in die Schar der Erwählten und Erlösten. Für die Gottesdienste der Ostkirchen ist das Stehen vor Gott zum Charakteristikum geworden. Aber auch die Theologie der reformierten Kirche betont, dass beim Gottesdienst, dem öffentlichen feierlichen Gebet, die Gemeinde die Haltung des „Stehens" vor Gott einnimmt, um sich mit Kopf, Herz und Stimme in die Gegenwart Gottes zu versenken und dem Evangelium mit dem Herzen nahe zu sein. Äußerliche körperliche Haltungen sind Zeichen der Annahme innerlicher Geschehnisse. Das Knien vor Gott, das Niederwerfen vor Gott, das Kreuzeszeichen, das Erheben der Hände, das Verneigen, das gemeinsame Schreiten oder Aufstellen sind Hinweise darauf, dass der christliche Gottesdienst „inkarnationsaffin" ist. Das berühmte Zitat von *Friedrich Christoph Oetinger* „Leiblichkeit ist das Ende der Werke Gottes" geht von der Unterscheidbarkeit zwischen physischem und ätherischem Leib des Menschen aus. In unserem Zusammenhang sollte es bezogen werden auf den Ansatz der eucharistischen Ekklesiologie, bei der die Gegenwart des Leibes Christi sowohl in den Gaben von Brot und Wein wie auch im Leib der Kirche als zusammengehörig gesehen wird.

2.11. Eindeutigkeit

Die Erzählung vom Sieg Israels über die Amalekiter, die im Zusammenhang mit der Errichtung eines Gottesaltars durch Mose berichtet wird (2. Mos. 17, 8–16), führt aus, wie die erhobenen Hände mit dem Hirtenstab des Mose auf dem Hügel für den Sieg Israels entscheidend sind. Wenn seine Hände schwer wurden, siegte Amalek, nur wenn seine Hände sichtbar zu Gott ausgestreckt waren, blieb Israel Sieger. Die Erzählung treibt diesen rituellen Mechanismus auf die Spitze. Als Mose zu schwach für seine „Zeichenhandlung" war, wurde er auf einen Stein gesetzt und Aaron und Hur stützten seine Arme, damit sie bis zum Sonnenuntergang erhoben bleiben konnten. Für die Gegner des Gottesdienstes ist diese Erzählung ein gefundenes Fressen. Das Verhalten auf dem Hügel sei zwanghaft ritualistisch und überflüssig. Ja, vielleicht sogar gotteslästerlich, denn Gott könne doch auch ganz gewiss ohne diese „Zeichenhandlung" Israel zum Sieg verhelfen, wenn er wolle, oder das Volk Israel könne es aus eigener Kraft schaffen. Eine Gottesdienst- und Religionskritik dieser Art lässt sich leicht typologisch auf die ausgestreckten ans Kreuz genagelten Arme des Erlösers Jesus Christus übertragen. Sie übersieht Grundgesetze des Rituals, die den Gottesdienst, aber auch nichtgottesdienstliche Rituale betreffen. Das Ritual schafft sichtbare und ablesbare Eindeutigkeit. Es ist das Bekenntnis, dass der lebendige Gott sichtbar handelt. Am Ritual kann man ablesen, worum es grundsätzlich geht. Das Ritual enthält eine exemplarische „pars pro toto"-Aussage. Gott handelt am Volk Israel so, wie er an allen Völkern handelt. Gott handelt im christlichen Gottesdienst an den Glaubenden so, wie er an allen Menschen auch ohne den Gottesdienst handelt. Es ist somit ein Stück weit die Offenbarung seines Charakters. Der Ritus führt damit in eine Verbindlichkeit nicht nur des Denkens, sondern auch des Handelns. Auch der Mensch, der diese „Zeichenhandlung" will und sich auf sie einlässt, zeigt damit ein Stück weit seinen Charakter. Wenn die Verbindlichkeit zur Zwanghaftigkeit wird und das Ritual zum Ritualismus, ist eine entscheidende Linie überschritten, auf die die Religionskritiker zu Recht hinweisen. Gott kann mit dem Ritual nicht vom Menschen gezwungen oder bezwungen werden. Und der Mensch soll und kann mit dem Ritual nicht versklavt werden. Ein Ritual kann nicht konstruiert oder gemacht werden. So versuchen Ideologien manchmal, ihre Ideen umzusetzen, um Macht zu gewinnen über die Menschen. Dies klappt nur in gewissen Angst- und Magiesituationen. Ein echtes religiöses Ritual ist ein gewachsener Ausdruck und die Verdichtung von Erfahrungen, die Gott und Mensch zusammengeführt haben. Auch hier ist wieder die Hoffnung, dass Gottes Handeln im Ritual das menschliche Handeln durchdringt.

3. Gelähmt (In der ökumenischen Welt)

3.1. Im Zerrspiegel der Kirchen

Besucht man in einer Großstadt Gottesdienste verschiedener Konfessionskirchen, so trifft man auf ein Spektrum unterschiedlicher Gottesdiensttypen. Das ist nicht verwunderlich, da die theologischen Konflikte, die zur Entstehung der verschiedenen Kirchenzweige führten, oft mit Auseinandersetzungen um Fragen der gottesdienstlichen Praxis verbunden waren. Die Fragen, welches Brot bei der Abendmahlsfeier verwendet werden durfte, wer aus dem Kelch trinken durfte, ob in Gotteshäusern Bilder oder Statuen stehen durften, wurden zum Wohl oder Wehe des Gottesdienstes hochgespielt. Es entstanden unterschiedliche Gottesdienstformen, die nicht mehr ein gemeinsames Erbe in unterschiedlichen regionalen, kulturellen Spielarten darstellen sollten, sondern in die hinein theologische Konflikte kirchentrennender Art verwoben wurden.

Diese Unterschiede führten zu konkurrierenden, unterschiedlichen, manchmal sogar als im Kern des Glaubens als kirchentrennend angesehenen gottesdienstlichen Feiern. Konfessionelle Identitäten überlagerten und überformten den Gottesdienst. Kirchen verweigerten Mitgliedern anderer Kirchen die Teilnahme an der Feier des Heiligen Abendmahles unabhängig vom Glauben des Einzelnen nur aufgrund der Kirchenmitgliedschaft. Es entstanden nebeneinander nicht nur verschiedene Gottesdienstformen, sondern auch gottesdienstliche Kulturen, von denen jede eigene Kultur wieder neu ihre eigene Geschichte begann. Oft wurde der Ursprungskonflikt als Identitätserweis generationenlang vererbt, selbst wenn Forschungen der ökumenischen Theologie erwiesen hatten, dass die Konflikte bei differenzierter Betrachtung als überwunden gelten konnten. Es entstanden nicht nur verschiedene Gottesdienstordnungen, sondern auch verschiedene Mentalitäten im Umgang mit dem Gottesdienst inklusive unterschiedlicher Auffassungen über den Stellenwert des Gottesdienstes. Auch nichtkontroverse Elemente des Gottesdienstes, sogar Geschmacks- und Stilfragen der Kirchenmusik oder der Architektur wurden kontrovers mitüberliefert. Diese tragische Trennung wurde verbunden mit Rechthaberei, Fanatismus bis hin zu politischen Verfolgungen andersgläubiger Christen. Leider muss man die Bilanz ziehen, dass die konfessionellen Lesarten des Gottesdienstes die Feiern desselben bis heute fest im Griff haben.

Die Bemühungen, Gebetstexte, Bibelübersetzungen, Liederbücher gemeinsam konfessionsübergreifend herauszugeben, die seit den 1960er Jahren begannen, sind schnell an ihr Ende gelangt. Bis heute ist es noch nicht einmal zu einem gemeinsamen Vaterunser-Text gekommen. Die evangelisch-katholische Fassung von 1968 hat sich in der reformierten Tradition nicht eingebürgert, und die in den letzten Jahrzehnten zahlenmäßig groß gewordenen orthodoxen Kirchen der Orthodoxen Bischofskonferenz in Deutschland haben 2013 einen eigenen, der orthodoxen Tradition näher stehenden Vaterunser-Text neben die ökumenische Fassung gestellt, der 2017 auch in einem Liturgieformular erschien. Anscheinend ist es gemeinsamer, unhinterfragbarer Common Sense, dass das gewachsene Trennende im Gegenüber zu einer allen Konfessionen und Kirchen gemeinsamen ehrfürchtigen Hinwendung zu Gott nicht nur dominant sein darf, sondern sein muss. Es ist ein Armutszeugnis, wenn die getrennten Kirchen es Gott selbst nicht und schon gar nicht im Gottesdienst zutrauen, dass er das Trennende überwindet, wenn sie sich auf ihn einlassen. Als wenn Gott die konfessionellen Versionen um seinetwillen nötig hätte. Nimmt man die göttliche Dimension im Gottesdienst ernst, ist es weder verwunderlich noch schädlich, dass es zu unterschiedlichen Zugangsweisen oder zu Kontroversen kommen muss, denn das göttliche Geschehen kann von der menschlichen Seite nicht erfasst werden. Dass dann aber diese Konflikte zu Rangstreitigkeiten und Größenfantasien führt, ist schon in dem Evangelium vom Rangstreit unter den Jüngern (Mk 9, 33–37) peinlich, denn die Jünger schwiegen, als sie von Jesus darauf angesprochen wurden. Die verschiedenen Kirchen sollen im Gottesdienst durchaus so vor Gott treten, wie sie sind, und ihre Identität mit allen Stärken und Schwächen annehmen. Sie sollten es aber tunlichst unterlassen, sich so darzustellen, als wenn sie vor Gott und den Menschen die besseren wären. Das sind sie weder aufgrund ihrer Theologie noch ihres menschlichen Charakters.

Leider tradieren die verschiedenen getrennten Kirchen den Gottesdienst wie ein Bild im Zerrspiegel. Das Bild dessen, was gespiegelt werden soll, ist mutwillig und tragisch verzerrt und kann die unabhängigen Beobachter zum Kopfschütteln bringen. Daher ist es nicht verwunderlich, dass anscheinend jedes konfessionelle Milieu mit seinem Gottesdienstprogramm Schwierigkeiten unter seinen Mitgliedern hat und auch innerhalb des Milieus der Zerrspiegel seine Wirkung nicht verfehlt.

3.2. Der Gottesdienst als Drama

Der Gottesdienst kann verstanden werden als eine Zusammenstellung und neu entstandene Reihung biblischer Situationen. Diese Situationen werden gekennzeichnet durch das Zitat eines Gebetsrufes aus der biblischen Überlieferung. In der traditio-

3. Gelähmt (In der ökumenischen Welt)

nellen lutherischen Messe erinnern das Confiteor an das Bußgebet König Davids von Psalm 51, der Introitus an die Verherrlichung Gottes in den Psalmen, das Kyrie an die Situationen, in denen die Hilfsbedürftigen zu Jesus riefen, das Gloria ist der Lobgesang der Engel in der Heiligen Nacht, die Salutatio nimmt den Gruß der Apostels (2. Thess 3, 36) auf, das Credo ist das Bekenntnis zur Heilgeschichte aller Gotteserfahrungen. Der Friedensgruß ist der Gruß des Auferstandenen, der von den Aposteln tradiert wird (Phil 4, 7), das Sanctus schließt sich der Gottesschau von Jes 6 an, im Benedictus ruft das Volk dem in Jerusalem einziehenden Jesus das Psalmwort der Verheißung zu (Mt 21, 9 und Ps 118, 26), die Einsetzungsworte kennzeichnen das Abendmahlsgeschehen, das Vaterunser ist das Gebet des Herrn, dem die Gemeinde sich anschließt, der Ruf vor dem Abendmahlsempfang des Unwürdigen ist der Ruf des heidnischen Hauptmanns (Mt 8, 8), der Lobgesang des Simeon (Lk 2, 29–32) drückt den Frieden aus, den die Gemeinde in der Gottesbegegnung gefunden hat, und der Schlusssegen ist das Legen des Namens Gottes auf sein Volk, wie es Aaron und seinen Söhnen aufgetragen wurde (4. Mos. 6, 24–26). Katholische Darstellungen betonen in einer solchen Reihung die Hinweise auf das Kreuzesopfer Jesu. In einer orthodoxen Untersuchung wird gezeigt, dass die Chrysostomos-Liturgie weit mehr als 750 biblische Hinweise enthält. Es geht aber nicht nur darum, die Textgestalt der klassischen Gottesdienste als biblisches Konzentrat nachzuweisen, sondern vielmehr darum, dass damit ein breites Spektrum der Gotteserfahrungen bereitgehalten werden soll, in das sich die unterschiedlichen Gläubigen einklinken können. Die Zuordnung dieser biblischen Situation zu Gunsten eines gottesdienstlichen Gesamtdramas erfolgt nach eigenen geistlichen Überlieferungsgesetzen, ähnlich wie beim Herzensgebet. Auch die „liturgiefremdelnden" evangelikalen Kirchen versuchen, in ihren Gottesdiensten mit Predigt, Bibliodrama und Opfer-Bekehrungsritualen nichts Anderes. Es soll ein Gefäß der Erfahrungen des Glaubens bereitgestellt werden, in denen die Glaubenden eine bereichernde Gottesbegegnung erleben können.

3.3. Der Gottesdienst ohne Gnade

Verliert der Gottesdienst diesen idealtypischen Ansatz, wird er seines eigentlichen Wesens entkernt. Glaubt man nicht mehr an die Realpräsenz Christi im Heiligen Abendmahl oder an das Handeln des Heiligen Geistes in der versammelten Gemeinde, entfernt man die alles andere bedingende Dimension des Gnadenhandelns Gottes. Auch die klassische lutherische Tradition versteht die Sakramente und auch die Predigt als „Gnadenmittel", das heißt als eine Medizin, mit der das Erbarmen Gottes vermittelt wird. Geht das Gnadenhandeln Gottes verloren, weil man meint, ein solcher Gott sei eine überholte Vorstellung, folgt daraus die logische Frage, wofür man Gottesdienste dann noch braucht. Wird das Gottesdienstgeschehen nur noch als Aussage menschlichen Glaubens verstanden, durch die subjektive Betroffenheit oder gelernte ethische Ansätze dargestellt und durch menschlich pädagogische Methoden verbreitet werden sollen, dann wird der Gottesdienst zu einer Veranstaltung ganz anderer Art. Es kommt zu einem bizarren Kulissenspiel, bei dem Talk- und Entertainment-Formate nach einer eigenen kommunikativen Dynamik den Ablauf des Gottesdienstes bestimmen. Der aufgeklärte Mensch, der sich über die religiöse Symbolstruktur erhaben fühlt, steht vor der unlösbaren Aufgabe, ein Wunder ohne Wundergeschehen zu inszenieren, zu einer „Wallfahrt ohne Gnadenbild" einzuladen. Es ist wie bei einem Fußballspiel, bei dem die Spieler miteinander am Spielfeldrand ohne Ball über die Regeln philosophieren und dabei von der Spielleitung trotzdem Fouls, Abseits und Elfmeter gepfiffen werden.

Bei solchen Gottesdiensten können auch die Elemente, von denen man meint, sie seien als Versatzstücke vergangener Identität für die Gegenwart noch nötig, nicht darüber hinwegtäuschen, dass eigentlich nicht mehr „gespielt" wird. Ein Rezitieren eines Glaubensbekenntnisses, dessen Inhalt man mittlerweile ganz anders versteht als es ursprünglich gemeint war, das Sprechen eines Gebetes, ohne es zu beten, bei dem man die Anrede „Gott" als Alibi einer ethisch imperativen Selbstreflexion versteht – dies alles sind solche Elemente. Ein derartiger Gottesdienst will Gottesdienst „bedeuten", er „ist" es aber nicht.

3.4. Der „gestaltete" Gottesdienst

Schon seit den 1960er Jahren machten im evangelischen landeskirchlichen Bereich sogenannte „Gottesdienste in anderer Gestalt" auf sich aufmerksam. Sie galten als eine neue moderne Form im Gegenüber zu den damals üblichen agendarischen Gottesdiensten und auch zu den Gottesdiensten der liturgischen Bewegung, die die Agendenreformen als Ideal vor Augen hatten. Es entstand eine neue Kategorie evangelischer Gottesdienste, die je nach aktuellen Bedürfnissen entworfen wurden. Themengottesdienste, politische Nachtgebete, Feierabendmahle. Der aktuelle, selbstgemachte, selbstgestaltete Gottesdienst, der sich abwechselnd mit Ausdrucksformen des pädagogischen Bereiches oder der politischen Kundgebung oder des Kindergartenspieles schmückte, galt als lebendig im Gegenüber zur bestehenden traditionellen Liturgierezeption. Fürbitten und Gebete müssen neu und aktuell formuliert sein, Informationsblöcke bringen die Besucher auf den neuesten Stand des Wissens und kommunikative Gesten, wie einen Kreis zu bilden,

3.4. Der „gestaltete" Gottesdienst

gehören natürlich spontan dazu. Die Gebrochenheit des menschlichen Glaubens soll mit thematisiert werden. Im aktualisierten Glaubensbekenntnis muss auch zum Ausdruck gebracht werden oder sogar bewusst weggelassen werden, was man nicht mehr oder überhaupt nicht glauben kann. „Gottesdienst menschlich" (so der Titel eines agendarischen Buches von 1977) war das Schlagwort. Wobei bis heute der merkwürdige und fehlerhafte Gebrauch des Wortes „Liturgie" im evangelischen Bereich erhalten geblieben ist. Obwohl der Begriff „Liturgie" eigentlich nur das griechische Wort für Gottesdienst ist, assoziiert man damit exklusiv den feierlichen zeremoniellen Aspekt oder auch Wechselgesänge und gesungene Gebete. Bis heute findet man auch in Gottesdienstprogrammen, sogar bei Universitätsgottesdiensten, die Aufteilung liturgischer Aufgaben mit Namen versehen wie Predigt, Lesungen, „Liturgie", Orgel. Würde man dem Begriff „Liturgie" in seiner ursprünglichen Bedeutung als Bezeichnung für das gesamte Gottesdienstgeschehen verwenden, widerspräche eine solche Aufgabenverteilung dem evangelischen Ansatz, dass der Gottesdienst, also die „Liturgie", von der ganzen Gemeinde getragen werden soll. Gemeindeglieder oder Pastoren, die den agendarischen, feierlichen Gottesdienst lieben, werden auch gern einmal vielleicht sogar mitleidig und mit einem merkwürdig gefärbten Unterton als „liturgisch veranlagt" bezeichnet. Die freikirchlichen Gottesdienste waren eigentlich schon immer Gottesdienste in anderer Gestalt, auch mit besonderen Kategorien der Verkündigung, des Glaubenszeugnisses, des freien Gebetes und mitreißender Kirchenmusik. Betrachtet man diese Gottesdienste genauer, so sind auch sie keineswegs frei und „unliturgisch". Sie erfüllen ihr eigenes Ritual nach ihren Regeln oft sehr genau und beargwöhnen es, wenn jemand aus den Regeln des Freien inhaltlich und formal ausbricht. Sie versuchen, die Gottesdienstbesucher noch mehr im Griff zu behalten als der sogenannte liturgische Gottesdienst, denn dort hat der Besucher mehr Freiheit, seine eigene Nähe zum gottesdienstlichen Geschehen selbst zu finden.

3.5. Instinktives Wissen

Mit dem lateinischen Begriff „sensus fidei" oder „sensus fidelium" will die westliche Theologie zum Ausdruck bringen, dass es einen Instinkt für die Wahrheit des Evangeliums gibt, der bei allen Mitgliedern der Kirche gemeinsam vorhanden ist und der die gnadenhafte Fähigkeit ist, unabhängig von theologischem Wissen oder kirchlicher Position zu erkennen und zum Ausdruck zu bringen, was echt ist im Leben und in der Lehre der Kirche. Diese geistliche Sensibilität ist eine Voraussetzung dafür, dass gemeinsame Glaubenswahrheiten formuliert werden können. Auch reformatorische Theologie schließt sich diesem Ansatz an, wenn Martin Luther 1523 schreibt, „dass eine christliche Versammlung oder Gemeinde Recht und Macht habe, alle Lehre zu urteilen …". Die östliche Theologie spricht davon, dass es in der Wesensfülle (*pleroma*) der Orthodoxie eine ihr innewohnende Einhelligkeit im Glauben gibt, die vom Gottesvolk erkannt und zum Ausdruck gebracht wird. Bei Weihegottesdiensten begleitet und legitimiert die Gemeinde den Weiheritus mit „Axios"-Rufen und bestätigt damit, dass der Kandidat aus ihrer Sicht würdig ist. Dieses instinktive Wissen der Gläubigen ist ein Korrektiv kirchlichen Handelns. Was durch den „sensus fidelium" nicht angenommen wird, ist für das Reich Gottes nicht relevant.

Auf den Kirchenvater Vinzenz von Lerin (+ zwischen 434 und 450) geht die Umschreibung dieses Ansatzes zurück, wenn er feststellt, dass nur das echt katholisch sei, „was überall, immer, von allen geglaubt worden ist". Diesen Ansatz könnte man auch auf den gottesdienstlichen Bereich ausweiten, wenn man feststellt, dass nur das ein echter Gottesdienst ist, welcher das enthält, was überall, immer, von allen gebetet worden ist. Der Sinn der Glaubenden folgt unbewusst mit einer Art übernatürlichem Instinkt dem Grundsatz „lex orandi – lex credendi" als Analyseprinzip für den Gottesdienst. Was man nicht beten kann, kann man und muss man auch nicht glauben. Enthalten Gottesdienste Handlungen, Aussagen oder Haltungen, die offensichtlich oder versteckt nicht im Kraftbereich des Evangeliums zu finden sind, werden diese instinktiv als nicht echt erkannt und auch nicht geglaubt. Die Krise des Gottesdienstes ist nicht eine Frage der Gestaltung und Kommunikation, sondern eine Frage der Echtheit. Die christliche Mission war dann erfolgreich, wenn sie von denen getragen wurde, die als echt galten, und nicht von „falschen Brüdern und Schwestern". Unechte Gottesdienste sind für die Gläubigen immer uninteressant und verzichtbar.

Dieses instinktive Wissen, dass die Glaubenden in einem Gottesdienst spüren, was echt ist, findet man in abgewandelter Form auch bei denen, die sich nicht zu den Glaubenden zählen. Unabhängig davon, ob diese nicht glauben können oder wollen, nicht mehr oder noch nicht glauben, spüren auch sie, ob der Gottesdienst, den sie besuchen, echt ist. Es gibt auch den säkularen „sensus infidelium". Und dieser empfindet es als peinlich, wenn Gottesdienste nicht ihren eigenen Gesetzmäßigkeiten und ihrer eigenen Würde folgen, sondern zu Anbiederungsveranstaltungen degradiert werden.

3.6. Doppelgleisigkeit

Alle Kirchen haben es anscheinend mit der besonderen Problematik zu tun, dass sie Mitglieder haben, die verbindlicher oder unverbindlicher das Leben der Kirche mittragen. Man disku-

3. Gelähmt (In der ökumenischen Welt)

tiert die Begriffspaare: Kerngemeinde–Randgemeinde, Entschiedene–Unentschiedene, Christengemeinde–Bürgergemeinde, Kirche von oben–Kirche von unten. Selbst Kirchen, die eine persönliche rituelle Glaubensentscheidung für die Aufnahme in die Gemeinde pflegen, stehen vor dem Problem, dass man auch diese nicht ohne traditionsgeleitete Elemente praktizieren kann und dass die Entschiedenen in die Distanz zurückfallen können. In den Volkskirchen kommt es dazu, dass man bei Taufen und Konfirmationen, Erstkommunionfeiern und Firmungen verbindliche gottesdienstliche Handlungen auch mit denen feiern muss, die eher unverbindlich zur Kirche stehen, aber aus verschiedenen Gründen diese Handlungen wünschen. Ursprünglich hoffte man, dass die Gemeinde der Verbindlicheren in der Lage ist, die Gemeinde der Unverbindlicheren zu tragen. Dabei ging man von den Maßstäben und Riten der Verbindlichen aus, die für die Unverbindlichen modifiziert wurden. Nachdem die Pastoralsoziologie differenzierte Untersuchungen von religiösen Identitäten und Zugehörigkeitsvorstellungen vorgelegt hatte, kehrte man das oben beschriebene Modell um. Fortan wurden die Bedürfnisse der Unverbindlichen zum Maßstab für das liturgische Handeln auch an den Verbindlichen. An der Geschichte des evangelischen Konfirmationsgottesdienstes lassen sich die verschiedenen Phasen dieser pastoralsoziologischen Überlegungen ablesen. So wurde etwa das Konfirmationsgelöbnis als weniger verbindliche „Konfirmationsfrage" neu formuliert. Einem solchen Ansatz folgt die katholische Kirche, die in den neuen Bundeländern auch sogenannte „Lebenswendefeiern" anbietet, bei denen nach einem Vorbereitungsprogramm eine „Feierlichkeit" angeboten wird, die auch für das Nichtkirchenmitglied „Sinn" macht. Man redet sich dabei ein, dieser Ansatz sei missionarisch, übersieht aber dabei, dass man mit der „Lebenswendefeier" die ursprüngliche Allgemeingültigkeit des Sakraments der Firmung herabstuft. Kirchen meinen, in einem Service-Konzept, bei dem man individuell gestalten und reagieren kann, liege die Lösung des Problems der Doppelgleisigkeit.

Anscheinend hat sich die Haltung eingeschlichen, dass Gottesdienste nicht nur bei Sondergottesdiensten neben der sakralen auch die säkulare Schiene enthalten müssen, sondern auch beim „alltäglichen Sonntag". Geistliche moderieren im Locker-vom-Hocker-Stil beide Ebenen zusammen und durcheinander. Es kommt nicht selten zu einem typischen tragischen Kichern des Moderators im Sinne eines Augenzwinkerns, wenn er nun nach allen säkularen Kunststücken noch die religiöse Komponente unterbringen muss, ob er will oder nicht. Man hofft vielleicht, bei den Säkularen mit dem Kichern zu punkten und ihnen damit solidarisch anzuzeigen, dass man eigentlich auf ihrer Seite steht.

3.7. Die Entzauberung des Heiligen und die Verzauberung des Säkularen

Manche intellektuellen, aufgeklärten, mündigen, christlichen Bürger meinen, Religionen müssen die religiöse Dimension überwinden und können dann der Gesellschaft vor allem im Bereich des Ethischen nützlich sein. Dann könnten die Religionen auch untereinander leichter Frieden schließen. Dieser kulturprotestantischen Auffassung käme der Ansatz eines „areligiösen" Gottesdienstes entgegen. Im evangelischen Bereich bezieht man sich dabei gern auf Aussagen des Theologen Dietrich Bonhoeffer, der 1944 in Briefen aus dem Wehrmachtsgefängnis von einem „religionslosen Christentum" oder einer „nichtreligiösen Interpretation" des Christentums schreibt. Man kann diese Begriffe aber nicht simpel zu Schlagworten machen, ohne sie mit der gesamten Theologie Bonhoeffers zu vergleichen oder sie in eine Theologiegeschichte des 20. Jahrhunderts zu stellen. Trotzdem wird der areligiöse Vorbehalt zusammen mit der überlieferten Kultkritik von manchen gern als eine der Tugenden eines modernen evangelischen Gottesdienstes postuliert. Der areligiöse Gottesdienst folgt auch den Aufklärungspredigten und wäre eine kulturelle Denk- und Erbauungsstunde im edlen gehobenen bürgerlichen Ambiente.

Die „Entzauberung des Heiligen" war sicherlich dort angebracht, wo mit ihm Missbrauch und Machtgier verbunden waren. Man müsste dann aber besser von der Entzauberung des Umgangs mit dem Heiligen sprechen. Eine solche Entzauberung darf aber nicht übersehen, dass sie in der modernen Gesellschaft auf ihr Gegenteil trifft, nämlich auf die „Verzauberung des Säkularen". Die nordamerikanische „Civil Religion" ist ein Paradebeispiel dafür. Die Welt der Werbung und der elektronischen Kommunikation ebenfalls. Die Sakralisierung ist ein anthropologisches, natürliches Grundgesetz. Die Ritualtheorie beschreibt, dass es im Prozess menschlicher Identitätsfindungen eine Art Wendepunkt gibt, bei dem es zur Ritualbildung kommt, die mit einer Selbsttranszendierung verbunden ist. Folgt man diesem Ansatz, steht der christliche Gottesdienst nicht mehr im Wettlauf, sich areligiös in der Welt des Areligiösen zu behaupten. Vielmehr hat er seinen Sinn darin, die Macht des offenbarten Heiligen des christlichen Gottes den anderen sich selbsttranszendierenden heiligen Mächten entgegenzustellen.

3.8. Der deklassierte Gottesdienst

Als es in Deutschland Ende der 1960er Jahre erstmalig zu sogenannten „ökumenischen Gottesdiensten" (ÖG) kam, wurde dieses als Sensation verstanden. Jahrhundertelang durch Polemik und gottesdienstliche Tabus getrennt, war nun ein gemeinsames Gebet möglich. Es ging ein Aufbruch durch die Gemeinden. Es galt als modern, ökumenisch zu sein. Man stellte sich auch gegenseitig die Kirchen zur Verfügung. Keiner wusste, wie weit er theologisch und in der gottesdienstlichen Praxis gehen konnte, mancherorts kam es zu gemeinsamen Feiern des Heiligen Abendmahls. Gemeinsame, sogenannte Ö-Lieder wurden zusammengestellt, Texte des Ordinariums und des Vaterunser gemeinsam formuliert. Aber schon ein paar Jahre später waren die Territorien wieder abgesteckt und der ÖG durfte nur innerhalb bestimmter Grenzen ökumenisch sein. Man musste sich vergewissern, dass die neue Art Gottesdienst nicht die bisherigen Systeme in Frage stellte. Impulse von diesem Gottesdienst für das kirchliche Leben erwartete man nicht mehr. Der ÖG ist von der höheren Gottesdienst-Liga in die Zweitklassigkeit verbannt worden. Es bleibt selbstverständlich unhinterfragt, dass die konfessionellen Gottesdienste wichtiger, besser und erstrangiger sind als die interkonfessionellen. In der römisch-katholischen Kirche ist dies sogar kirchenrechtlich festgeschrieben. Im Jahresplan der gottesdienstlichen Aufgaben einer Gemeinde werden ÖGs als Pflichtveranstaltungen angesehen, die aus formalen Gründen artig absolviert werden. Man erwartet sich von ihnen aber keine wirklichen Impulse mehr. Zu bestimmten Anlässen und Themen fühlen sich die Kirchen verpflichtet, gemeinsam aufzutreten. Zu den evangelischen und katholischen Volkskirchen gesellten sich die Kirchen der Arbeitsgemeinschaft Christlicher Kirchen. Für die orthodoxen Kirchen kam es in den 2000er Jahren noch einmal zu einer Infragestellung des ÖG, weil man mit Stil, Formulierungen und Inhalten protestantischer Elemente nicht einverstanden war und die Exklusivität der orthodoxen Eucharistie angegriffen sah. Um das Wort „Gottesdienst" wegen der Verwechslungsgefahr mit dem eucharistischen zu vermeiden, sprach man von „Gebeten".

3. Gelähmt (In der ökumenischen Welt)

Die im Volksmund so genannte „Ökumenische Trauung" wurde bei näherer Betrachtung zu einer von unübersichtlichen Vorschriften und unterschiedlichen Gottesdienstordnungen begleiteten Handlung, bei der man sich pragmatisch nach außen hin, aber keineswegs inhaltlich theologisch geeinigt hat. Es ist interessant, dass man noch nicht einmal den Versuch unternommen hat, einen Konsens zur Theologie der Ehe und für Gottesdienste der Eheschließung zu erarbeiten. Es bleibt beim Nebeneinander der kirchlichen Gepflogenheiten, die dürftig synchronisiert werden. So wird betont, dass die „Ökumenische Trauung" eigentlich gar keine sei, sondern eine von einer Konfession verantwortete mit einer nach kirchenrechtlichen Vorschriften erweiterten ökumenischen Beteiligung. Dieses ist exemplarisch und symptomatisch. Es handelt sich also um einen ökumenischen Gottesdienst, der eigentlich kein ökumenischer Gottesdienst sein darf und bei dem Gottes Handeln nur noch der Spielraum zugewiesen wird, den die Kirchen ihm „übriglassen".

So ist es auch nicht verwunderlich, dass es trotz jahrzehntelanger Möglichkeit keine gemeinsam formulierte Theologie des ÖG gibt. Der ÖG ist als Nebenprodukt des gottesdienstlichen Lebens gedacht. Jede Kirche versteht unter dem ÖG etwas Anderes und verfolgt mit ihm andere Ziele. Trotz inzwischen eingebürgerter Gepflogenheiten ist das Terrain schwierig und die Möglichkeiten und Anlässe zum ÖG hängen manchmal von der persönlichen Aufgeschlossenheit der Geistlichen oder der kirchlichen Gremien vor Ort ab. Bestimmte typische Haltungen der verschiedenen Kirchen scheinen durchzuschimmern und bestimmen das Setting der ÖG. Die Orthodoxen wollen ihr gottesdienstliches Programm möglichst unbeschadet von anderen Einflüssen behalten. Sie können aber für Lesungen und gestaltete Elemente auch Frauen einsetzen und damit dokumentieren, dass sie nicht latent frauenfeindlich sind. Die Ka-

3.8. Der deklassierte Gottesdienst

tholiken wollen ihren zentralen Status unter den Kirchen verteidigen. Die Landeskirchen versuchen, ihr kirchliches Amt – besonders das der Pfarrerinnen – aufzuwerten und es als gleichwertig in die Reihe der Amtsträger der anderen Kirchen zu stellen. Die evangelikalen Gemeinden sehen den ÖG als Gelegenheit, das von ihnen bevorzugte Verkündigungsschema anzuwenden. Die kleineren ACK-Kirchen sind froh, dass sie überhaupt vorkommen.

Es ist unausgesprochener und unhinterfragter Konsens, dass bei ÖGs alles Sakramentale tabu ist und bleiben muss. Die Konflikte um die gegenseitige Anerkennung von Heiliger Taufe und Heiligem Abendmahl haben ihre Spuren hinterlassen. Unterschiedliche Auffassungen zur Kommunionzulassung sind damit verbunden. Allenfalls kann es Tauferinnerungsfeiern oder Agapemahlfeiern und Artoklasien geben, die entsprechend öffentlichkeitswirksam angekündigt und durchgeführt werden, sonst aber kaum einen Sitz im Leben der beteiligten Kirchen haben. Das Ausklammern des Sakramentalen hat zur Folge, dass die Andachtsformen oder sogenannten Wortgottesdienste ihre zwar nicht behauptete, aber doch empfundene Minderwertigkeit mit Mitteln von „Gestaltungselementen" geradezu aufwerten müssen. Bildprojektionen, demonstrative Prozessionen, Spruchbänder, Kerzen, Blumen, sogar ein Rettungsboot, man greift ins Volle. Im kirchenmusikalischen Bereich können sich alle musikalischen Traditionen und Gepflogenheiten und auch diejenigen, die sie aufführen, gut darstellen. Ein Taizé-Emotional, eine Toccata von Bach, ein exotischer Lobgesang der Orientalen, ein Anbetungslied der Charismatiker und der Gospel-Swing, alles steht gut platziert und ausgeklügelt nebeneinander. Man ist erstaunt über sich selbst und darüber, wie schön ein ÖG sein kann.

Ein Sonderfall ist neben der Gebetswoche für die Einheit der Christen vor dem Pfingstfest der Weltgebetstag (WGT), früher

3. Gelähmt (In der ökumenischen Welt)

genannt Weltgebetstag der Frauen, der in Deutschland nach dem Zweiten Weltkrieg in evangelischen Kirchen begonnen wurde und dem sich seit 1970 auch die katholischen Frauen anschlossen. Er findet am ersten Freitag im März eines jeden Jahres statt. Die Legende dieses Gottesdienstes ist, dass er jeweils von Frauen aus einem bestimmten Land vorbereitet wird und auch auf die Probleme der Frauen und auf die gesellschaftlichen Fragen des thematisierten Landes eingeht. Der WGT-Gottesdienst enthält Informationsblöcke mit längeren Textpassagen oder Erklärungen wie auch Rollenspiele, bei denen die Akteurinnen in die Rolle einer Frau aus dem thematisierten Land schlüpfen können, oder Dialoge. Problemorientierte Fürbitten sind dabei charakteristisch. Zusätzlich kann ein Musikstück oder eine liturgisch-folkloristische Gepflogenheit aus dem vorgestellten Land in den Gottesdienst aufgenommen werden. Alle beteiligten Frauen sollen informiert sein und untereinander solidarisch verbunden sein. Schaut man näher hin, werden gegenwärtig die Weltgebetstage nach dem Vorbild der Legende aber von einer Vorbereitungsgruppe für Deutschland konzipiert, die starke Eingriffe und Änderungen nicht scheut und bei der es zu Konflikten um politische Ausrichtung oder um manche Formulierungen kommen kann. Einen Hauch von WGT-Atmosphäre enthalten auch die Eröffnungsgottesdienste zu den Aktionen Brot für die Welt und Adveniat oder Misereor.

Der Eindruck der Zweitklassigkeit des ÖG hat in den letzten Jahrzehnten dadurch Bestätigung gefunden, dass wegen des Priestermangels in der katholischen Kirche die Priester selbst nicht mehr an der Leitung der ÖGs teilnehmen können, sondern zu diesem Anlass ihre im pastoralen Dienst tätigen Laienmitarbeiter schicken. Oft steht dahinter kein böser Wille, denn wenn das Masterprogramm der Heiligen Messen zusammenbricht, ist das Nebenprogramm anderer Gottesdienste, zu denen auch die ökumenischen zählen, kaum zu leisten. Insgesamt kann man sich aber des Eindrucks nicht erwehren, dass die Kirchen sich mit zweitrangigen ÖGs die echten ökumenischen Grundansätze und -forderungen gut vom Leibe halten können.

3.9. Sanktionierung politischer Ansätze

Es besteht kein Zweifel daran, dass der christliche Glaube politische Dimensionen enthält und diese auch öffentlich in den gesellschaftlichen Diskurs einbringt. Auch ist es natürlich, dass der Gottesdienst für die Sorgen und Nöte der Welt im Gebet eintritt, zu Taten ermutigt und auch trösten soll und dass Hilfsorganisationen aus christlicher Motivation ihren Dienst versehen. Es ist auch richtig, dass es manchmal Widerspruch und Widerstand geben muss, die nach Formen suchen. Es gibt aber mehrere Grenzlinien, die zu beachten sind. Christliche politische Ansätze sind nicht frei von zeitbedingten Erkenntnissen, vom Suchen nach Lösungen, von Erfolg und Versagen und können nicht ungebrochen als Gottes Wille zum „Status Confessionis" ausgerufen werden. Es gibt keine reine, fehlerfreie politische Gemeinde des Christentums auf Erden. Auch diejenigen, die sich politisch zum „deutlicheren Zeichen" bekennen, müssen mit denen in kirchlicher Gemeinschaft bleiben, die ein undeutlicheres Zeugnis ablegen. Es ist auffällig, dass diejenigen, die sonst selbst vor einer vorschnellen „steilen" Theologie warnen, bei politischen Fragen dann oft selbst sehr steil werden. Da gibt es dann Politische Nachtgebete, Gottesdienste am Zaun zum Atomkraftwerk oder vor Kasernen mit Atomwaffen oder an der Startbahn West, ideologisch mehr links oder mehr konservativ gefärbt. Gottesdienste zu Themen der Emanzipation oder zu LGBTIQ-Fragen sollten mit der Kategorie Gottesdienst vorsichtig sein. Die Bevölkerung merkt sehr gut, ob es hier wirklich um die religiösen Bedürfnisse des Menschen nach Gebet, Gotteslob, Trost und Verheißung geht oder nur darum, mit einem Gottesdienst einem einzelnen politischen Ansatz eine „höhere Weihe" zu geben. Das wäre der Missbrauch der Kategorie Gottesdienst für ein ideologisches Programm. Es mag berührend sein, wenn zum Abschluss eines solchen politischen Themen-Gottesdienstes sich alle an der Hand nehmen und das Protestlied „We shall overcome" der nordamerikanischen Bürgerrechtsbewegung singen, das zum Song gegen Missstände aller Art geworden ist. Dieses Lied enthält jedoch keinen ausgesprochenen religiösen Bezug und kein „He will overcome".

3.10. Endlager kirchlicher Identitäten

Um Gottesdienste zu begreifen, muss man mehr betrachten als ihre Textgeschichte oder ihre Theologiegeschichte. Mit dem Gottesdienst wird zugleich ein vielschichtiges System kirchlicher, kultureller und psychologischer Identitäten transportiert. Dazu gehören oft die Gründungsnarration einer Kirche, ein Alleinstellungsmerkmal, ein theologisch idealisierter Ansatz und eine Selbstwertmarkierung. In barocken Kirchen, die in lutherische Trägerschaft übergingen, wurden Heilgenstatuen und -bilder marginalisiert, aber gegen ein neues Lutherbild hinter der Kanzel oder in der Sakristei hatte man trotzdem nichts einzuwenden.

Ferner gehören zu diesen Alleinstellungsmerkmalen Ansätze kultureller Gepflogenheiten, die sich in Kirchenraum, im kirchlichen Bild, in der Kirchenmusik bis hin zu demonstrativ verteidigten Geschmacksfragen niederschlagen. Und im Zusammenhang mit den Gottesdiensten zeigen sich kirchentypische Haltungen, die nicht nur den Stellenwert des Gottesdienstes, sondern auch die Art des Umgangs mit ihm spezifizieren. Diese Identitätsschichten sind komplex miteinander verbunden und können sich sogar theologisch widersprechen, was aber gar nicht bemerkt wird, weil es nicht um die behauptete theologische Aussage geht, sondern weil diese Aussagen als Markierungen für andere Identitätsebenen verstanden werden. Änderungen in der Identität sind durch Änderungen im Gottesdienst nur partiell möglich. Selbst wenn man argumentiert, dass diese Änderungen theologisch richtig und innerkonfessionell plausibel sind, wird man auf den Widerstand derer stoßen, die durch Änderungen Schichten ihrer Identität angegriffen sehen. Folgende Beispiele lassen sich anführen:

Bekreuzigen sich Pfarrer im lutherischen Gottesdienst, stoßen sie oft auf Unverständnis oder Ablehnung, obwohl sie sich dabei auf Luther selbst berufen können. Umgekehrt verhält es sich, wenn bei Segenshandlungen im katholischen Gottesdienst wie etwa zum Blasiussegen oder bei der Kindersegnung im Schulanfänger-Gottesdienst der Segen neuerdings auch durch Laien erteilt wird. Obwohl dies vom Amtsverständnis her möglich ist und theologisch begründet wird, ist die Schlange der Gläubigen vor dem segnenden Priester immer deutlich länger.

Gründungsnarrationen und Gründungsgepflogenheiten werden eingefroren und jeweils aktuell neu aufgetaut. Beim Auftauen kann aber die Sakralisierung dessen passieren, was man als Säkularisierung begonnen hat. Der freikirchliche Prediger, der kein Priester sein wollte und die Messgewänder abgelegt hatte und kein Staatsdiener sein wollte und die akademischen Talare abgelegt hatte, wollte durch das Tragen des bürgerlichen Sonntagsanzuges, nämlich des Gehrockes, die Nähe zu den Gemeindemitgliedern demonstrieren und darauf hinweisen, dass es allein auf das Hören des Wortes Gottes ankommt. Generationen später, wo die Gottesdienstbesucher schon längst mit Jeans und Pullover auf lässig in der Gottesdienstversammlung machen, trägt der Prediger aber den feierlichen Gehrock wie ein Messgewand. Diese Geschichte kann man weiterspinnen.

Würde der Reformprediger jetzt selbst auf Jeans und Pullover umsteigen, kann es sein, dass er auf Zustimmung bei einem Teil der Gemeinde trifft und auf Ablehnung bei einem anderen Teil der Gemeinde, weil diese sich in ihrer Identität entweder bestätigt oder angegriffen fühlt. Es ist aber nicht auszuschließen, dass in einigen Generationen, wenn die Bürger andere Sci-Fi-Kleidung tragen, der Prediger dann natürlich in Jeans und Pullover amtieren muss.

Alle Gottesdienste tradieren Rituale, die theologische und geistliche Ansätze enthalten und gemixt sind mit Identitäten aus Konflikten, Bekenntnissen und Haltungen. Diese Identitäten können mit simplen Schlagworten zum Ausdruck kommen oder mit komplizierten Diskussionen. Sicher ist die gegenseitige Abhängigkeit der verschiedenen Dimensionen. Eine Gottesdienstkrise kann zur Identitätskrise der Kirche werden und eine Identitätskrise der Kirche kann destruktive Auswirkungen auf den Gottesdienst haben. Wenn man davon spricht, dass Identität wie eine „Rückkehr in eine fremde Heimat" *(David Lowenthal)* sei, beschreibt dies eine ambivalente und dialektische Aufgabe, die sowohl auf den Gottesdienst wie auf die Identitäten zutrifft.

Oft ist es so, dass die eingefrorenen Elemente auf eine gottesdienstliche Heimat hinweisen, die als Ganzes verloren gegangen ist. Die Heimat des gegenwärtigen Gottesdienstes ist nicht mehr identisch mit der Heimat des vergangenen. So kommt es, dass vieles im Gottesdienst als widersprüchlich erlebt wird.

Man muss sich dem hingeben, was bekannt ist, als sei es fremd, und das Fremde erobern, als sei es bekannt.

3.11. Übertragungsphänomene

Der Gottesdienst ist anscheinend wie kaum eine andere Veranstaltung ein Tummelplatz für Übertragungsphänomene. Natürlich könnte man argumentieren, dass es der ureigene Charakter und die eigentliche Aufgabe des Gottesdienstes ist, ein Übertragungsphänomen zu sein. Es wird nämlich die Gegenwart Gottes bei der Verkündigung des Evangeliums und in der Feier der Heiligen Eucharistie auf die Menschen übertragen. Umgekehrt soll das menschliche Leben mit seinen Anliegen, Fähigkeiten, Ängsten und Gefährdungen in den Willen Gottes überführt werden. Vielleicht ist dies ja der Hintergrund dafür, dass ein solches gottesdienstliche Schema ein idealer Ort ist, andere Übertragungsphänomene unterzumischen, zu verbergen oder sanktioniert zu praktizieren.

Das betrifft nicht immer, aber doch manchmal sehr auffällig das Verhalten der Geistlichen oder Mitarbeitenden des Gottesdienstes. Man kann es bei Musikern beobachten, dass es ihnen bei der Aufführung eines Werkes manchmal nicht nur darum zu gehen scheint, das Werk zu interpretieren und zu Gehör zu bringen, sondern vor allem auch darum, ihre Virtuosität zu beweisen. Oder es gibt Dirigenten, die es sich leisten können, selbstverliebt ihre Allüren auszuleben. Da trifft man auf die verschiedensten Übertragungsmuster, von denen viele auf die Bearbeitung einer Selbstwertstörung hindeuten. Man kann verschiedene wiederkehrende Typen aufzählen: der Prediger, der mit seiner Gelehrsamkeit punkten will; der Tenor, der glaubt, dass er nicht nur gut singen kann, sondern für den Chor unverzichtbar ist; der Sopran, der gern mit dem Singen einer gefärbten Oberstimme eine Sonderrolle spielen möchte; die Lektorin, die möchte, dass ihr Großvater stolz auf sie ist, und den Pastor, bei dem man den Eindruck hat, er will alles richtig machen, um seiner Frau zu gefallen. Es gibt psychologische Untersuchungen, dass geistliche und gottesdienstliche Ämter prädestiniert sind, eine Anziehungskraft auf Menschen mit Selbstwertstörungen, unbewältigten Problemen und Kontaktschwächen ausüben. Unbewusst können sie dann in den Schemata von Geltungssucht und Herrschsucht im Gottesdienst quasi legitim ausgelebt werden und dem so Agierenden einen ersehnten, aber nicht vorhandenen therapeutischen Effekt suggerieren. Die Glaubenden merken dabei sehr genau, wenn es dem Geistlichen vornehmlich um sich selbst geht und nicht um das Gottesdienstgeschehen an sich.

Es gibt aber auch kollektive Übertragungsphänomene, die sich der Gottesdienst gefallen lassen muss. Das trifft dann zu, wenn sich im Rahmen eines Gottesdienstes ein kirchliches Milieu selbst inszeniert. Synodengottesdienste, Bischofsversammlungen, Treffen von innerkirchlichen Reformgruppen, Jubiläen aller Art. Der Gottesdienst wird zu einem Schauplatz, in dem Leitfiguren des evangelischen Milieus, die im Preußen-Talar wie ein Schwurgericht aufziehen, auch allen Unterstützern und Mitläufern ihre Position zuweisen können. Der Gottesdienst wird damit zum verborgenen Machtspiel. Auch die kollektiven Übertragungsphänomene werden von den Beobachtenden schnell durchschaut. Man mag diese Gottesdienste mit Kerzen und Plakaten schmücken und den Teilnehmenden kleine Faltblätter, Geschenke oder „Sinnzeichen" in die Hand drücken. Die eigentliche Dimension des Gottesdienstes kann nicht gefügig gemacht werden. Die Übertragungsphänomene können den Gottesdienst als leeres Spektakel entlarven, wenn und sofern er nicht echt ist.

3.12. Kultkritik

Die wohl bekannteste Kultkritik berichten die Evangelien in der Perikope von der Tempelreinigung. Die synoptischen Evangelien berichten sie in der Passionsüberlieferung, das Johannesevangelium stellt sie in den Anfang der Wirksamkeit Jesu, verbindet sie mit der Frage nach der Vollmacht Jesu und stellt sie sogar in den Zusammenhang mit der Zerstörung des Tempels von Jerusalem. Die zum geflügelten Wort gewordene Äußerung Jesu „Mein Haus soll ein Bethaus heißen; ihr aber macht eine Räuberhöhle daraus." (Mt 21, 13) ist ein Zitat aus Jesaja 56, 7. Die Schriften des Alten Testamentes durchziehen mehrere Motive der prophetischen und weisheitlichen Kultkritik. Kritisiert wird das Volk Gottes, wenn es fremden Kulten folgt, ihren eigenen Gott nur mit den Lippen ehrt, aber nicht mit dem Herzen (Jes 29, 13), wenn die Priester ihren Dienst nachlässig durchführen und nicht auf die Gotteserkenntnis und die Weisung (Tora) achten (Mal 1, 6 - 2, 9), wenn es unter der Priesterschaft zu Hass und Spaltungen kommt (Jes 66) und wenn der Kult meint, die Maßstäbe von Recht und Gerechtigkeit außer Kraft setzen zu können (Spr 21, 3). Die kulturprotestantische Lesart des 19. Jahrhunderts, nach der die Kultkritik des Alten Testamentes alles „bloß Rituelle" durch eine Geisteshaltung überwinden will, wird heute von der Exegese zurückgewiesen und eine „tiefe kultische Verwurzelung der israelitischen Religion" festgestellt (*Rainer Kessler*). Dieser Kultvorbehalt betrifft die menschliche Haltung, den Kult aus Vorsatz, Bequemlichkeit oder finanziellen Interessen innerlich zu verraten und zu einem Instrument des Egoismus zu degradieren.

Bis heute haben sich die stark akzentuierten kultkritischen Auffassungen des protestantischen Theologen *Adolf von Harnack* (1851–1930), die mehrere Generationen von Theologen geprägt haben, bis ins Unterbewusste des evangelischen gottesdienstlichen Befindens als Maßstab eingebrannt. Vor allem die ostkirchlichen Gottesdienste stellt er als „religiös und intellektuell völlig verwahrlost", degeneriert und letztlich heidnisch dar, „da sie durch hunderte von kleineren und größeren wirksamen Formeln, Zeichen, Bildern und Weihehandlungen, die, wenn sie pünktlich und gehorsam beobachtet werden, göttliche Gnade mitteilen und auf das ewige Leben vorbereiten." Jesus Christus sei am Kreuz gestorben, um diese Art von Religion aufzulösen und unter seiner Autorität den – natürlich evangelischen – „Gottesdienst im Geist und in der Wahrheit" wiederzuerrichten. Eine religionskritische Strömung, der zufolge das Christentum eine höhere geistige Erkenntnis- und Ethikstufe sei und der Formen eines liturgischen Kultrituals nicht mehr bedürfe, durchzieht die evangelische Kirche nicht erst seit dem 20. Jahrhundert. Es bleibt aber der Kanzel- und Kathederkult, mit dem der Prädikant seine Hörerschaft auf die Erkenntnisse im Geist und in der Wahrheit einschwört. Dieser Kanzelkult darf dann mit Texten, Gebeten und Musikstücken umrahmt werden, welches dann natürlich kein Kult ist, sondern Bildung. Erst die evangelische „Praktische Theologie" der letzten Jahrzehnte hat den Wert von Ritualen und Formeln, so sagt sie, wiederentdeckt. Sie stellt das Ritual allerding unter einen Verkündigungsvorbehalt und meint, es sei ein machbares, kontrollierbares Gestaltungselement. Verzweckte Designerrituale sind erlaubt, weil man meint, mit ihnen den Verlauf eines Gottesdienstes und damit Haltung und Denken der Teilnehmenden steuern zu können.

Es wird aber in den Evangelien auch von einem Kultvorbehalt berichtet, der von der Seite Gottes selbst ausgeht. Als Jesus von seinen Jüngern gebeten wird, ihnen die Gleichnisse zu erklären, gibt er ihnen eine zweidimensionale Antwort. „Euch ist das Geheimnis des Reiches Gottes gegeben; denen aber draußen widerfährt alles in Gleichnissen, damit sie es mit sehenden Augen sehen und doch nicht erkennen und mit hörenden Ohren hören und doch nicht verstehen, damit sie sich nicht etwa bekehren und ihnen vergeben werde." (Mk 4, 11f.) Auch diese Aussage Jesu knüpft an eine prophetische Tradition des Alten Testamentes. Im Tempelritual der Berufung Jesajas ereignet sich nicht nur die verborgene Offenbarung Gottes inmitten der Engel und unter dem Lobgesang des Trishagions, sondern nach dem Vergebungsritual durch die Berührung der Lippen des Propheten mit glühender Kohle empfängt der Prophet seinen Auftrag im sogenannten „Verstockungsbefehl": „Verstocke das Herz dieses Volkes und lass ihre Ohren taub sein und ihre Augen blind, dass sie nicht sehen mit ihren Augen noch hören mit ihren Ohren noch verstehen mit ihrem Herzen und sich nicht bekehren und genesen." (Jes 6, 9f.) Der gottesdienstliche Verlauf ist kein glattes, einfaches Kommunikationsgeschehen. Es ist eine komplizierte geistlich therapeutische Begegnung. Auf der einen Seite steht der in sich gefangene, vielleicht sogar vor der Gottesbegegnung flüchtende Mensch, der meint, eine solche Begegnung bewältigen zu können wie ein trotziges Kind, das sich die Ohren zuhält, wenn der Vater mit ihm schimpft. Auf der anderen Seite bleibt Gott, der es sich selbstverständlich vorbehält, zu binden und zu lösen, zu verstocken und zu offenbaren, wie er will, unabhängig davon, ob es die Menschen fühlen oder nicht. Darum steht das Gebet, dass Gott die menschlichen Lippen öffnen möge, oft am Beginn der Tagzeitengebete und die Bitte darum, dass er die Herzen der Gläubigen erfüllen möge, oft am Beginn der Eucharistie.

Es gibt anscheinend auch ein typisches Verhalten im Volk Gottes, nämlich, dass es ihm seinen Rücken zeigt. Gott hat immer wieder zu dem Volk geredet, es hat aber nicht gehört, Gott hat immer wieder gerufen, das Volk hat aber nicht geantwortet (Jer 7, 13). Selbst Jesus muss die Erfahrung machen, dass der Menschensohn es anscheinend niemandem recht machen konnte.

Im Gleichnis von den spielenden Kindern heißt es: „Wir haben euch aufgespielt und ihr wolltet nicht tanzen; wir haben Klagelieder gesungen und ihr wolltet nicht weinen." (Mt 11, 17) Wenn Menschen sich von Christus offensichtlich nicht erreichen lassen wollen, dann werden alle Bemühungen, mit besonderen Gestaltungen oder Einladungsformaten von Mensch zu Mensch mit dem Gottesdienst anzukommen, diesem Phänomen erst recht nicht entkommen. Ihr wolltet mit euren Mätzchen bei uns ankommen, wir wollten aber gar nicht, dass ihr bei uns ankommt. Diejenigen, die sich vom Gottesdienst abwenden, wollen es wenigstens mit ihrer eigenen Würde tun und nicht unterlaufen werden von dem, was sie gar nicht wollen: nämlich einen Besser-Gottesdienst, der unterschwellig die Botschaft aussendet, gar keiner zu sein, sondern eine Empathie-Veranstaltung, die pseudo-solidarisch vorgibt, alle Beweggründe des sich von Gott abwendenden Volkes zu verstehen und pastoral zu betreuen.

3.13. Die Replacement-Attitüde

Besonders in evangelischen, aber auch in katholischen Gottesdiensten und bei Schul- und Universitätsgottesdiensten kommt es nicht selten dazu, dass traditionelle feste Teile des Gottesdienstes durch angeblich moderne Stellvertreter ersetzt werden. Auch der ÖG bietet eine geeignete Bühne für solche Bemühungen. Das apostolische oder das nizäno-konstantinopolitanische Glaubensbekenntnis wird durch ein Glaubensbekenntnis von Dorothee Sölle oder eine andere Privatschöpfung ersetzt, die manchmal auch vorher in einer Gruppenarbeit gemeinsam formuliert wurde. Das Vaterunser wird zum gesungenen Calypso, die Psalmen werden in der Übertragung von Hanns Dieter Hüsch oder Ernesto Cardenal gelesen. Der Segen wird zum irischen oder zum Amrumer Segen, die Fürbitten werden aus Zeitungsmeldungen zusammengestellt. Die Lesung aus der Heiligen Schrift wird ersetzt durch einen Abschnitt aus dem „Kleinen Prinzen" oder durch eines der Lieder von „Mutter Courage". Betroffenheits-Lyrik und politkritische Betrachtungen können auch gut im Rollenspiel eingesetzt werden. Kirchenvorsteherinnen und Pfarrgemeinderäte können sich als Existentialisten mit klugen Texten präsentieren. Das Eucharistiegebet wird unter ein aktuelles Motto gestellt. Gold- und Silberkelche werden durch Keramikprodukte ersetzt, Traubensaft und selbstgebackene Brotkreationen werden ausgeteilt, manchmal auch Weizenkörner oder kleine Engelfiguren als Handschmeichler. Händedruck, Kettenbildung, Umarmungen, gegenseitiges Unterhaken schaffen Nähe. Die Geistlichen tragen eine Stola im 3.-Welt-Poncho-Stil oder im „Spruchband-Deko-Look" oder amtieren im lässig-coolen Alltagsoutfit. Die Popballade bringt nachdenkliche Stimmung, das rhythmische Anbetungslied schweißt zusammen und das eigentlich verpönte Kirchenlatein kehrt durch die Hintertür der Kehrverse von Taizé wieder in das Gotteshaus zurück. Dies alles wird durch farbige Lichtinstallationen neu erlebt und mit Teelichtern, Tüchern, Steinen und getrockneten Baumteilen dekoriert. Spruchbänder und Poster weisen auf wichtige Aspekte hin. Man sitzt auf Pappkartons oder Zen-Meditationsbänkchen, und nicht die Glocken, sondern die Klangschale oder der Gong eröffnen das Geschehen. Während man früher mit Diaprojektor und Leinwand gearbeitet hat, stehen heute Videowände für passende Einlagen zur Verfügung. Biblische Losungen und Denkimpulse kommen mit elektronischen Kurznachrichtendiensten und lockern die Predigt auf.

Das Vorbereitungsteam und die Beteiligten strahlen die Haltung aus, sie „können" den neuen und modernen Gottesdienst, wie er eigentlich ansprechender und besser ist. Mit den gewählten Stilmitteln „profanisiert" man das als falsch und erstarrt empfundene traditionell Sakrale und verabsolutiert dann das „richtige Profane" zum modernistisch Neosakralen. Man hat den dringend notwendigen neuen Gottesdienst erfunden. Applaudiert die Versammlung bei gelungenen Beiträgen in einem solchen Gottesdienst, überzieht ein dankbares Lächeln die Gesichter des Teams. Der Ankomm-Gottesdienst, der natürlich primär bei den Menschen und nicht bei Gott ankommen soll, ist gelungen. Talkshow-, Quiz- und Musik-Formate sind internalisiert, dort weiß sich auch der Zuschauer zuhause.

Den gleichen Gottesdienst an mehreren Sonntagen hintereinander zu feiern, wird allerdings mühsam. Wie sollte man Kultkritik üben dürfen an den Ritualen, die sich als Kultkritik verstehen? Doch zum Replacement-Gottesdienst sollte man ein paar vorsichtige Anmerkungen festhalten. Das Bemühen, mit aktuellen, veränderten oder modernisierten Texten die eigentlichen Texte, die man ersetzt hat, besser zu verstehen, bleibt fragwürdig. Das Verstehen gottesdienstlicher und biblischer Texte geht über das Verstehen einer Textgestalt weit hinaus. Simplifizierte und personalisierte Texte können den Zugang auch verengen und unmöglich machen. Schaut man auf die Sammlung von Bibelübersetzungen aller Art, merkt man sofort, dass es nicht nur um philologisch korrekte, sprachlich verstehbare und stilistisch angemessene Sprache geht, sondern um eine Textgestalt für einen höheren oder vertieften von Gott geleiteten Verstehensprozess. Wenn es beim Glaubensbekenntnis nur darum geht, den persönlichen Glauben einzelner Menschen zum Ausdruck zu bringen, formuliert man zugleich oder lässt stillschweigend alles weg, was man nicht mehr glauben möchte oder kann, das heißt, man beschneidet die Überlieferungstradition. Die individuell geprägten auf Existenzialismus getrimmten Texte, die vielleicht Betroffenheit auslösen sollen, sind auch nur einem bestimmten bildungsbürgerlichen Spektrum von Hörenden zugänglich. Die Replacement-Gottesdienste, die sich um Erweiterung des gottesdienstlichen Lebens bemühen, können zugleich mindestens genauso stark als Verengung gelesen werden. Entscheidend bleibt die Haltung der Vorbereitenden. Wenn sie mit einer Portion Selbstverliebtheit meinen, sie „können" Gottesdienst oder sie können den Gottesdienst besser machen, irren sie, denn das kann niemand. Manchmal fällt es schwer, herauszufinden, ob solche Veranstaltungen wirklich von den gutmütigen Motiven getragen werden, die man vorgibt, oder ob das Ankomm-Gesamtkunstwerk nicht auch eine versteckte, unterbewusste, blasphemische, destruktive Komponente hat, weil es leicht in die Lächerlichkeit abgleiten kann. Dann wird der Replacement-Gottesdienst zum Spuk, den man sich besser für den Sonntag „Surrogate" aufheben sollte.

4. Zwischen Traditionsbewahrung und Modernismusopfer (In der katholischen Welt)

4.1. Das gestürzte Ideal

Das Zweite Vatikanische Konzil (1962–1965) löst mit seiner Konstitution über die Heilige Liturgie „Sacrosanctum Concilium" vom 4. Dezember 1963 tiefe Eingriffe in Theologie, Textgeschichte und Ritus der überlieferten römisch-katholischen Messe aus. Diese Eingriffe betreffen auch die anderen Traditionen, die Ordensliturgien, lokal angesiedelte Ordnungen und die ostkirchlichen Riten, die in Gemeinschaft mit Rom gefeiert werden. Das Dokument sieht sich in der Tradition der katholischen liturgischen Bewegung und verwendet auch deren Begrifflichkeit. Es soll eine Erneuerung des Gottesdienstes ausgelöst werden, bei der „Texte und Riten" so „geordnet" werden sollen, „dass sie das Heilige, dem sie als Zeichen dienen, deutlicher zum Ausdruck bringen, und so, dass das christliche Volk sie möglichst leicht erfassen und in voller, tätiger und gemeinschaftlicher Teilnahme mitfeiern kann." (SC21). Zum Schlüsselbegriff avanciert der Begriff „participatio actuosa", der 13-mal in dem Dokument vorkommt. Die Verstehbarkeit des Gottesdienstes soll durch Vereinfachung der Riten, Hervorhebung ihres Sinnzusammenhangs und durch ein dialogisches theologisches Grundmodell erreicht werden. Ein weiteres Schlagwort aus der Konzilskonstitution „Dei Verbum" vom 15. November

1965 tritt in den Vordergrund, nämlich der „Tisch des Wortes Gottes" (DV 21), der nun reicher bereitet werden sollte. Dieses führte später zu einer Neuordnung der Auswahltexte, bei der sich die Zahl der AT-Abschnitte fast verzehnfacht und die der NT-Texte mindestens verdreifacht hat. Nicht mehr Rubrizistik, sondern Liturgiewissenschaft und Pastoralliturgie waren die neuen Fächer.

Bis die Anstöße des Zweiten Vatikanischen Konzils auf der Ebene der internationalen Bischofskonferenzen oder der Diözesen umgesetzt werden konnten, wurde in den Gemeinden und auf Tagungen der Gottesdienst als großes Experimentierfeld betrachtet. In einer Art Exodus-Stimmung mit der Haltung, jetzt endlich etwas Neues und Modernes machen zu können, wurden die Messen zu Workshops. Man probierte aus, was man alles weglassen könnte, um „zum Eigentlichen" zu kommen, und sprach davon, die Messe zu „entrümpeln". Ringbuch-Messbücher enthielten experimentelle Texte, sog. Studientexte. Messen mit Studierenden wurden im Picknick-Ambiente gestaltet. Ausstattungsgegenstände der Kirchen und Sakristeien wurden in die Abstellkammer verbannt. Man machte sich lustig über die alte Liturgie, und diejenigen, die daran festhalten wollten, wurden als unmodern abgestempelt. Es galt die Hitparade der Modernismen. Man war high von einem Rausch der Erneuerungen und der Illusion des Machbaren. Es war die Zeit, in der offiziell das Messbuch von 1962 galt, aber inoffiziell alles zum Abschuss freigegeben war, bis schließlich am 1. Advent 1969 ein neues Missale Romanum in lateinischer Sprache „nach den Bedürfnissen unserer Zeit" eingeführt wurde. Bei uns erschien das neue Messbuch in deutscher Sprache erst 1975 und wird mit leichten Korrekturen von 1988 bis heute verwendet. Eine im Jahr 2002 revidierte Fassung des lateinischen Missale konnte in Deutschland nicht erscheinen, da es im Hinblick auf dessen deutsche Übersetzung zu keiner Eini-

4.1. Das gestürzte Ideal

gung der deutschen Bischöfe und der zuständigen vatikanischen Kommission kam. Man verzichtete 2013 ganz auf eine Veröffentlichung. Der Verlust der lateinischen Sprache, ergänzt durch regionale Übersetzungen hat die Kommissionen plötzlich vor die sehr schwere Aufgabe gestellt, sprachliche, theologische und vom Stilempfinden her angemessene Übersetzungen des lateinischen Missale zu finden. Gottesdienstliche Texte lassen sich eben „nicht einfach" ins Deutsche übersetzen, weil es sich um die Auswirkungen eines geistlichen Verstehensprozesses handelt. Diese Erfahrungen können die Verantwortlichen teilen mit denen, die die Heilige Schrift übersetzen, oder mit der schwer zu bewältigenden Aufgabe, ostkirchliche oder orientalische Liturgien auf Deutsch erscheinen zu lassen.

Vielleicht hat sich bei manchen ja auch eine Art neuer kritischer Nüchternheit eingestellt, bei der ein Teil der zuständigen Verantwortlichen gemerkt hat, dass sich im Zusammenhang mit der Liturgiereform eine Krise des katholischen Gottesdienstes eingestellt hat, von der man nicht genau sagen kann, warum und wie sie entstanden ist. Die Begeisterung der Reformer über ihr Werk ist nicht unbedingt auf das Kirchenvolk übergesprungen, die Kirchen und Priesterseminare sind nicht voller geworden, man befindet derzeit sich in einer Sackgasse von Ratlosigkeiten. Die erneuerte Liturgie bietet scheinbar nicht die gleiche Heimatlichkeit an wie die vor der Reform, vielleicht soll sie das auch gar nicht. Es könnte ja sein, dass das, was theologisch als richtig propagiert wurde, sich vielleicht doch religiös als falsch erwiesen hat. Der vermeintliche Gewinn der Reform der Liturgie ist offensichtlich mit einem großen Verlust erkauft, der nur schwer aufgearbeitet und behoben werden kann.

Erstellt man etwas simplifizierend eine theologisch nicht ganz ausdiskutierte Liste von Gegenüberstellungen, wird klar, wie tief die Liturgiereform in die bis zum Zweiten Vaticanum bestehende Tradition vom Erleben her eingegriffen hat: gemeinschaftlich versus hierarchisch; Deutsch versus Latein; Gemeinschaftsmahl versus Messopfer; mehrere Eucharistiegebete zur Auswahl versus Canon Romanus; aufrecht stehende Handkommunion versus kniend empfangene Mundkommunion, Brothostien versus Symboloblaten; Laienkelch versus Priesterkelch; Bußakt versus Staffelgebet, Kommunionhelferinnen in Zivilkleidung versus Austeilung durch Priester; vermeintlich eingängige, hölzern daherkommende deutschsprachige Kehrverse versus fließende gregorianische Choräle in Latein; graue oder beige Mantelalben versus reich bestickte Messgewänder; Messdienerinnen versus Messdiener; wechselnde Leseordnungen versus traditionelles Sonntagsevangelium; Schlussevangelium versus Stille; die Zelebrationsrichtung „versus populum" versus „ad orientem"; Volksaltar versus Hochaltar. Nur, um es vom Phänomen her zu beschreiben: Würde ein James-Bond-Film nach so vielen Eingriffen, ohne Q und M, ohne Girl und Aston Martin, ohne Bösewicht mit Superkiller, ohne Rettung der Welt und ohne Titelsong noch als genuiner James-Bond-Film zu erkennen sein oder wäre er vielleicht der echtere, bessere Bond? So könnte man ein wenig polemisch die Frage stellen, ob denn die so erneuerte Messe überhaupt noch als anschlussfähig an die traditionelle Messform erlebt werden kann. Eingriffe, auch kleine und vermeintlich „nur äußerliche", verändern die innere Botschaft, gewollt oder ungewollt.

4.2. Der verrückte Altar

Ein Paradebeispiel für das, was das Ideal der Liturgiereform hervorgebracht hat, ist der „Volksaltar", der im heutigen Katholizismus fast schon etwas von einem Fetisch zu haben scheint. Interessant ist, dass er auf eine Kann-Vorschrift der Ausführungsbestimmungen „Inter oecumenici" vom 26. September 1964 zurückgeht. In ihnen heißt es „Der Hochaltar soll von der Rückwand getrennt errichtet werden, so dass man leicht um ihn herumgehen und an ihm zum Volk hin zelebrieren kann." Diese Bestimmungen sind in die Allgemeine Einführung des Römischen Messbuchs von 1969 übernommen worden und in einer Neuauflage von 2002 ergänzt worden mit dem Nebensatz: „Dies sollte der Fall sein, wo immer es möglich ist." Damit wird die traditionelle Ausrichtung der christlichen Gebetskultur einschließlich der Ausrichtung der Kirchen „ad orientem" mit einer empfohlenen Änderungsmöglichkeit versehen. Man glaubte, damit eine frühchristliche Tradition wiederzubeleben, und bezog sich irrtümlich auch auf die Position des Altars in einigen alten römischen Basiliken, deren Altarräume ungewöhnlicher Weise im Westen und deren Eingänge im Osten lagen. Diese Ausnahmen stellen jedoch keine eigene Tradition dar. In den Kirchen des Westens wie auch in den Ostkirchen ist die Gebetshaltung „ad orientem" als innere und äußere Kongruenz der Ausrichtung auf Gott tief verwurzelt. Man kann hier von einer echten gesamtkirchlichen Tradition sprechen. Die Ehrenrettung des „versus populum" durch die Argumentation, die geistliche Ausrichtung des Priesters und der Gemeinde müsse immer „versus deum per Jesum Christum" sein, wirkt wie eine Entschuldigung eines Ertappten. Die Wirkungsgeschichte dieser „Kann-Vorschrift" zeigt, dass sie als „Muss-Vorschrift" umgesetzt wurde mit dem Habitus, dem Gottesdienst etwas Gutes und Modernes angedeihen zu lassen.

Man kann mehrere Phasen bei der Einführung von „Volksaltären" beobachten. Zuerst wurden vor die Hochaltäre in einer Schnellaktion eher einfache Holztische gestellt. Dann wurden die Altarplatten der Hochaltäre entfernt. Die Altarrückwände blieben bestehen, wenn es aus Gründen des Denkmalschutzes nötig schien. Der Volksaltar wurde davorgesetzt. Teilweise wurden die Hochaltäre auch ganz entfernt oder abgebaut. Mancherorts war man noch bemüht, die Volksaltäre in Material und Stil dem bisherigen Ensemble anzupassen, vielerorts wurden aber neue Ensemble bestehend aus Altar, Ambo und Pult kreiert, die sich weder vom Stil noch vom Material in die betroffenen Kirchen einfügten. Es wurden bewusst fremde Materialien aus Stein, Beton, Metall und Holz und moderne Formen mit Existentialismus-Touch verwendet, die zum Beispiel den Altar als nackten Steinquader ohne Altartuch zu einem Fremdkörper machten, der eher an einen Ufo-Landeplatz erinnerte. Damit aber nicht genug. In einer weiteren Phase wurde auch der in der Nähe zum früheren Hochaltar errichtete Volksaltar noch einmal verrückt dadurch, dass eine neue „Altarinsel" gestaltet wurde, die mitten auf Gemeindebene der Kirche errichtet wurde und selbstverständlich durch Kreationen aller Art als Kommunikationsobjekt ansprechend gemacht wurde. Dadurch entstand mancherorts wieder eine neue Verdoppelung des Altars. In einer deutschen Universitätsstadt wird beim „Evensong mit anglikanischer Kirchenmusik" der mobile Volksaltar vor die Reste des Hochaltars geschoben und während des Gottesdienstes völlig negiert. Der Chor sitzt mit dem Rücken zu den zusammengeschobenen Altären. Zum Magnifikat wird dann eine Schale mit Weihrauch in die Mitte der Versammlung ohne Altar gestellt. Es gibt kaum ein katholisches Kirchengebäude in Deutschland, das nicht ungeachtet der Frage, ob es architektonisch passend ist, mit einem solchen Volksaltar und dem Ensemble von „modernem" Ambo und den entsprechenden Kerzenleuchtern versehen wurde, deren Zeitgemäßheit häufig wohl durch eine betont asymmetrische Formgebung demonstriert werden sollte. Der bisherige Altar und der Kirchenraum werden dann als dekorative museale Relikte einer zum Glück überwundenen liturgischen Epoche verstanden. Der ursprüngliche Kirchenraum passt oft überhaupt nicht mehr mit dem neuen Interieur zusammen. Der unbedarfte Besucher einer Kirche muss sich nach dem ersten optischen Eindruck fragen, welches große Unglück denn hier passiert sei. Es ist vielleicht das Unglück, dass man auf eine Kirche trifft, die mit sich selbst und ihrer eigenen Tradition nichts mehr anzufangen weiß.

Das Für und Wider des Volksaltares wird in den katholischen Kirchen polemisch und unversöhnlich diskutiert. Das Gebet „ad orientem" würde den Priester vom Volk entfernen, er würde ihm den Rücken zuwenden. Demgegenüber müsse man aber eine neue Gemeinschaftlichkeit zum Ausdruck bringen, sagen die Befürworter des „versus populum". Man würde die Rolle des Priesters zum Schauspieler fördern, dessen Eigenheiten in den Mittelpunkt stellen, den Altar wie ein TV-Kochstudio behandeln, sagen die Gegner. Offensichtlich sind die äußerliche und die innere Ausrichtung des Gebetes in der Messe nicht mehr kongruent. Es ist etwas aus der Balance gekippt. Auch hier wird deutlich, dass das, was man sagt, nicht getrennt werden kann von dem, was man tut. Und das, was man tut, spricht eine eigene Sprache unabhängig von dem, was man sagt. Ganz seltsam mutet es an, wenn ein oder mehrere Geistliche zum Volksaltar ziehen, sich vor ihm verneigen und dann mit ernstem Gesicht hinter den Altar schreiten, um den Altar „von hinten" zu küssen. Wissen diese Geistlichen, was sie damit als Zeichenhandlung zum Ausdruck bringen?

4.3. Das rekonstruierte Phantom

Vermutlich ist die katholische Liturgiereform über mehrere Übertragungsphänomene gestolpert und gestürzt, die im Schwung der Reformen als unbemerkte Denk- und Handlungsvoraussetzung vorhanden waren und die den Akteuren vielleicht erst im Nachhinein bewusst werden können. Es erinnert ein wenig an das Phänomen der „historischen Aufführungspraxis" in der Klassischen Musik des letzten Jahrhunderts. Auch dort gab es plötzlich die Begeisterung und den Schwung für eine Totalrevision der Musik vom Barock bis zur Spätromantik. Alles Alte stand zur Disposition, alles musste neu rekonstruiert werden: historische Instrumente, originalgetreue Partituren, Stimmungssysteme, Tempi, Ensemblegrößen, Kleidung der Künstler, Aufführungsorte. Bei allen neuen, auch interessanten Hörerlebnissen konnte man sich des Eindrucks nicht erwehren, dass im Eifer der Reform auch musikalischdogmatische Streitigkeiten ausgetragen wurden und diese Aufführungspraxis in der Gefahr stand, zum Selbstzweck zu werden. Das Geheimnis des Hörens und „Verstehens" der Musik ist aber von einer anderen Erlebensdimension und hat eigene Gesetze der Weitergabe, die mehr sind als das historisch zu Erhebende. Von daher ist der heute verwendete Begriff der „historisch-informierten Aufführungspraxis" angemessener und weist genau auf diesen Knackpunkt hin. Eine historisch informierte Liturgiewissenschaft und Praxis würde heute auch zugeben können, dass man in das rekonstruiert Historische immer hermeneutisch die eigenen Denkvoraussetzungen und damit die Zeitbedingtheit der Forschenden hineininterpretiert. Doppelbödig formuliert: Eine historisch-kritisch rekonstruierte ideale Liturgie könnte eigentlich nur vom historischen Jesus selbst zelebriert werden. Die katholische Liturgiereform ist in die eigene historisch-kritische Falle gestolpert. Man kann zwar bessere Texte, Riten und Zusammenhänge rekonstruieren, kann aber nicht behaupten, dass man damit automatisch immer das Wesen und den Charakter des Gottesdienstes zum Guten beeinflusst oder verbessert hat.

Der Gottesdienst tradiert wie die Musik eigene Rezeptions- und Überlieferungsmechanismen. Frömmigkeit bewahrt ihre eigenen Überlieferungsformen, die weit über das historisch Erhebbare hinausgehen. Man hat übersehen, dass man beim vielleicht historisch berechtigten Eliminieren einzelner Elemente zugleich auch deren geistliche Interpretationsgeschichte mit herausnimmt, die den Gläubigen zur Heimat geworden war. Der Gottesdienst wird von den Gläubigen nicht in der Dimension des historischen Bewusstseins rezipiert und tradiert, sondern von den individuellen und gemeinschaftlichen Gesetzen der Seele. Diese Seele ist wie ein Strom, der langsam fließt und in der Lebendigkeit des Fließens trägt, aufnimmt, mitführt, aber auch reinigt und ablegt. Der Strom kann gestaut, begradigt, sogar kanalisiert, vielleicht sogar ausgetrocknet werden, aber das ihn begleitende Ökosystem, so denkt man heute, wird dabei in Mitleidenschaft gezogen. Die Frömmigkeitsgeschichte in allen Kirchen zeigt, dass das von Gläubigen im seelischen Strom tradiert wird, was im Gottesdienst geliebt wird und geliebt werden kann. Was nicht geliebt werden kann vom „sensus fidelium", bleibt wirkungslos. Wenn man etwas abschafft, was geliebt wurde, wird es problematisch. Die Gläubigen protestieren oder wandern ab. Der bei einer solchen Argumentation vorgebrachte Einwand des Aberglaubens als Gefahr des Glaubens, von dem man das gottesdienstliche Begleitgeschehen reinigen muss, ist schwach. Aberglauben ist eine sorgfältig zu analysierende Begleiterscheinung und ein Indikator des Glaubens. Es gilt der Spruch: Nur dort, wo richtig „ge-aberglaubt" wird, wird auch richtig geglaubt. Und Aberglauben ist auch ein Phänomen derer, die nicht mehr glauben oder etwas Anderes glauben.

Weitere Übertragungsphänomene, an denen sich die katholische Liturgiereform abgearbeitet hat, scheinen Relikte aus dem 19. Jahrhundert zu sein. Es müsste genauer untersucht werden, wie weit der Modernismus-Antimodernismus-Konflikt eine Rolle spielt. Man hat aber ein als Freiheit verstandenes Aufatmen von den Zwängen eines Ritualismus spüren können. Und dieses war vermutlich verbunden mit einem kritischen Ansatz im Gegenüber zur kirchlichen Autorität. Solche Konflikte werden oft verschlüsselt und unausgesprochen tradiert. Sie werden sogar dann fortgeführt, wenn ein Anlass nicht mehr vorhanden ist. Ein Substanzverlust des christlichen Glaubens kann als Autoritätsverlust gegenüber der Hierarchie bearbeitet werden. Der echte oder zwanghafte Reformeifer lässt sich partiell auch vor dem Hintergrund solcher tradierten Konflikte verstehen.

Im christlichen Gottesdienst bestimmt das menschliche Handeln hoffentlich nur einen kleineren Teil des Geschehens. Das Handeln Gottes im Gottesdienst ist vom Menschen zum Glück nicht zu verbessern. Man steht in der Gefahr, bei eigenwilligen, sogar theologisch begründbaren Reformen, Kontroversen oder Verbesserungen das Eigentliche nicht mehr nötig zu haben. Entsteht der Eindruck, dass der Gottesdienst zu einem bloßen Objekt gemacht worden ist, das man immer wieder reformieren, formen und gestalten kann, sendet man damit unbewusst zwei fatale Signale aus. Zuerst, dass man nicht selten lieblos umgeht mit dem, was den Gläubigen lieb geworden war, und dass man vielleicht noch nicht einmal selbst das liebt, was man reformieren möchte. Und dann zum Zweiten die sehr problematische Ansicht, dass Gott dabei natürlich mitspielen muss. Frech formuliert: Vielleicht gibt es ja auch Gottesdienstformen, bei denen weder die Gläubigen mitspielen wollen, weil sie keine Liebe zum Gottesdienst mehr verspüren, und bei denen sogar Gott selbst kaum eine Chance hat, der zu sein, der er ist.

4.4. Der außerordentliche Schatz im Acker

Es ist nicht verwunderlich, dass die in kurzer Zeit und mit starken Eingriffen in das Gewohnte durchgeführte Liturgiereform des Zweiten Vatikanischen Konzils innerkatholisch auf Widerstände traf. Einzelne Pfarrer oder Ordensinstitutionen hielten mit ihrem Umfeld an der bis zur Liturgiereform üblichen Gottesdienstordnung fest. Es bildeten sich Anziehungspunkte für die von diesem gottesdienstlichen Leben geprägte katholische Kultur. Intellektuelle, Künstler, Journalisten und prominente Persönlichkeiten ergriffen Partei für das Beharren in der herkömmlichen Tradition und konstatierten einen grundsätzlichen Verlust des Katholischen durch die Liturgiereform. Plakativ „Tridentinische Messe" genannt, handelt es sich um das von Rom dann so genannte „Meßbuch des sel. Johannes XXIII." von 1962, das in einigen Teilen sogar von Reformen der katholischen liturgischen Bewegung geprägt war. Schnell wurde den Vertretern dieses Weges der Stempel „Traditionalisten" aufgedrückt, um sie dadurch zu marginalisieren und ihren Anliegen auszuweichen. Prominenteste Gruppierung ist wohl die „Fraternitas Sacerdotalis Sancti Pii X.", vereinfachend „Piusbruderschaft" genannt, die 1970 von dem französischen Erzbischof Marcel Lefebvre gegründet wurde und die in Kapellen und Kirchen die bisherige Messe beibehielt. Sie gründete ein eigenes Priesterseminar. 1988 wurden die Bischöfe dieser Bruderschaft von Rom exkommuniziert, die Piusbruderschaft setzte aber ihren Weg fort. Als Reaktion auf die Exkommunikation gründeten ehemalige Mitglieder 1988 die „Fraternitas Sacerdotalis Sancti Petri" die „Petrusbruderschaft", die nun mit dem Status des päpstlichen Rechtes innerhalb der römisch-katholischen Kirche diesen Weg fortsetzen wollte. In Deutschland ist auch das 2003 in Berlin gegründete Institut Philipp Neri als Vertreter dieses Weges bekannt. Papst Benedikt XVI. veröffentlichte am 7. Juli 2007, dass Gottesdienste nach der Ordnung des Messbuches von 1962 als „forma extraordinaria" wieder offiziell möglich seien. Die Exkommunikation der Bischöfe der Piusbruderschaft wurde zurückgenommen. Diese lebt zwar noch nicht in voller Kirchengemeinschaft mit Rom, kann aber einen gewissen Grad kirchlicher Anerkennung für sich beanspruchen.

Es wäre zu einfach, im katholischen liturgischen Spiel diese Bruderschaften, Gruppierungen und einzelnen Persönlichkeiten eines primitiven Formalismus und Ritualismus zu verdächtigen. Sicherlich drücken sie ihre Anliegen in einem theologisch besonders geprägten Stil aus, aber eine Art „Liturgiebarock" bei Formulierungen ist auch in der modernen Liturgiewissenschaft überall leicht zu finden. Die Verfechter der alten Form halten an der Messe von 1962 und der mit ihr tradierten liturgischen Theologie nicht fest, weil sie meinen, sie hätten damit ein ideales Instrumentarium, Gott festhalten zu können oder ihn „in der Tasche zu haben". Es geht ihnen vielmehr darum, eine unaussagbare Gottesdimension nicht zu verlieren, nämlich sich in Ehrfurcht Gott nähern zu können und sich von seiner Gegenwart im Gottesdienst prägen zu lassen.

4.5. Adoptivkinder

Auch im Bereich der katholischen Ostkirchen hat das Zweite Vatikanische Konzil eine Liturgiereform angestoßen. Die katholischen Ostkirchen sind zumeist ehemalige orthodoxe und orientalische Teilkirchen, die sich zu verschiedenen Zeiten und in verschiedenen politischen und kulturellen Zusammenhängen der päpstlichen Kirche angeschlossen haben. Die kirchlichen Unionsdokumente lassen erkennen, dass sie dem Ideal ihrer Zeiten, mit Hilfe einer Union mit Rom einen Beitrag zur Einheit der Kirche zwischen Ost und West leisten zu können, folgten. Nicht selten war aber dieses Ideal vermischt mit lokalen und gesamtkirchlichen Machtbestrebungen. Den unierten Kirchen wurde zwar zugestanden, im Bereich der Frömmigkeit, des liturgischen Brauchtums und der Disziplin ihren eigenen Charakter bewahren zu können, allerdings wurden diese Besonderheiten den Normen der westlichen Kirche und ihrer dogmatischen, liturgischen und institutionellen Tradition unterstellt. Dadurch kam es in diesen Kirchen insgesamt, aber besonders im gottesdienstlichen Bereich, zur Entwicklung von „Latinisierungen". Rom machte oftmals gegenüber den Erwartungen der neuen Ostkirchen klar, dass die Herkunft ihrer Traditionen mangelhaft sei. Die aus der ostkirchlichen Tradition stammenden Gottesdienste wurden nun zu „Riten" innerhalb der römischen Kirche. Westliche Messopfer- und Wandlungstheologie wurden in die östlichen Traditionen hineingelesen und hineinformuliert, das westliche Glaubensbekenntnis eingeführt. Katholische Marien- und Kreuzwegfrömmigkeit wurden in den Gotteshäusern verankert. Dafür wurde die Formel von der „Praestantia ritus latini" geprägt. Es entstand auch ein eigentümliches neues konfessionelles Bewusstsein, das man vielleicht etwas zwielichtig als die „Überheblichkeit der Gedemütigten" beschreiben kann. In Abgrenzung zu den als minderwertig angesehen orthodoxen und orientalischen Ostkirchen und ihren pastoralen Traditionen und Möglichkeiten schlossen die unierten Ostkirchen sich der Überlegenheit des „lateinischen Geistes" an.

Die politischen Entwicklungen des 20. Jahrhunderts in Mittel- und Osteuropa verfestigten diese Entwicklungen. Den kommunistischen Regimen waren von Rom geleitete Ostkirchen auf ihren Territorien suspekt. Die katholischen Ostkirchen wurden aufgelöst und in die orthodoxen Kirchen eingegliedert. Diese Eingliederungen war politisch gesteuert und inszeniert. Die orthodoxen Kirchen, die selbst in Bedrängnis und unter Verfolgung standen, proklamierten sie als Rückkehr in den Schoß der Orthodoxie. In manchen Ländern, besonders aber in den ukrainischen Gebieten, bildeten sich gottesdienstliche Untergrundkirchen unierter Tradition. Die Treue zu Rom und damit auch die Beibehaltung der latinisierten Eigenarten wurden geradezu als Treue zu Christus selbst empfunden. Das Wiedererstehen der katholischen Ostkirchen im kommunistischen Machtbereich deutete sich Ende der 1980 Jahre an, konnte jedoch erst nach der politischen Wende nach 1990 Wirklichkeit werden.

Mittlerweile wurde aber eine doppelte Änderung in der Anschauung der Ostkirchen durch Rom sichtbar, die von einem längeren Vorbereitungsprozess eingeleitet wurde. Alle östlichen und orientalischen Kirchen erfuhren eine grundsätzliche Aufwertung und neue Anerkennung durch Rom. Zunächst kam es zu einer neuen Nähe zwischen den orthodoxen Kirchen und Rom durch viele Gesten, wie etwa die Rückgabe der Reliquie des Andreashauptes an Konstantinopel. Es erfolgten gegenseitige Einladungen, die Tilgung der Bannsprüche von 1054 und die Etablierung des „Dialoges der Liebe", der 1964 begann und bei dem das Ideal einer erneuerten Communio ins Auge gefasst wurde. Das Dekret des Zweiten Vatikanischen Konzils „Orientalium ecclesiarum" vom 21. November 1964 wertet die eigenen Ostkirchen auf und stuft sie als Kirchen „gleichen Rechtes und gleicher Würde" ein. Außerdem wird feierlich bekräftigt, dass sie das volle „Recht und die Pflicht" haben, „sich jeweils nach ihren eigenen Grundsätzen zu richten" (Orientalium Ecclesiarum 5). Damit wurde ein großer Reformprozess eingeleitet, der wie eine Umkehrung der bisherigen Entwicklungen ausschaut: zurück zu den Ursprüngen der östlichen Liturgien in Theologie und Ritus und Reinigung von den latinisierenden Akzenten, die hinzugefügt waren. Man kann auf eine breite liturgische Arbeit schauen, die eine Vielzahl der Liturgietraditionen betrifft: die byzantinischen, die ostsyrischen chaldäischen und malabarischen, die westsyrischen maronitischen, syrisch-katholischen und malankarischen, die koptischen, äthiopischen und armenischen Gottesdienste. Ein Reformparadox tritt bei den Ostkirchen gerade dann auf, wenn es um die für die Identitätsbildung tragenden latinisierten Elemente gilt, weil es für die Seele des Volkes nicht einsichtig ist, warum gerade dieses, wofür man eigentlich zu leiden bereit war, nun sogar falsch sein soll. Dies trifft auch besonders auf die Frage zu, wie man mit der östlichen oder westlichen Fassung des Glaubensbekenntnisses in der Liturgie umgeht.

4.6. Sakramentaler Kollaps?

Geht man von dem Erscheinungsbild der beiden „großen" Volkskirchen in Deutschland aus, könnte man zugespitzt fragen: Gibt es vielleicht eine Art neue „katholisch-protestantische" Kirche? Vom katholischen Kirchenrecht und vom offiziellen Selbstverständnis der Kirche her gesehen sicherlich nicht. Es ist alles, was gemacht wird, natürlich „gültig". Aber die Phänomene gleichen sich an. Der Priestermangel hat zu einer drastischen Reduktion der Messen geführt, Pfarrverbände werden gegründet, einzelne Gemeinden werden de facto von Laien geleitet. Es gibt einen neuen Klerus von pastoral tätigen Laienmitarbeiter/innen, die natürlich auch untereinander verheiratet sein dürfen wie evangelische Pfarrer/innen. Diese pastoralen Mitarbeiter sind vorwiegend für nichtsakramentale Aufgaben verantwortlich. Aber auch Gottesdienste und Seelsorge gehören zu ihren Handlungsfeldern. „Priesterlose Gottesdienste" werden von ihnen gehalten: Begräbnisse, Gedächtnisgottesdienste, Kommunionfeiern, Segnungsgottesdienste, Jugendgottesdienste, Seniorengottesdienste, ökumenische Andachten, der ganze Bereich des katholischen Andachtswesens liegt in ihren Händen. Das ganze Arsenal von Gestaltungsmöglichkeiten und Deko-Riten hauptsächlich im pädagogischen, plakativen Bereich wird in individueller Verantwortung voll ausgeschöpft. Der alte Hochaltar der Münchener Kirche St. Maximilian wird mit Graffiti bemalt. Teelichter, Tücher und

Steine schmücken die Sakramentskapelle. Oder in Geldern setzte man bei den „Veni"-Gottesdiensten auch gern mal die Nebelmaschine ein. Broschüren sollen erklären, Zen-Bänkchen sind aufgestellt. Wäscheleinen mit angehefteten Bibelsprüchen sollen Mut machen. Die Diakone, „ständige Diakone" genannt, können gerade die Taufen und Hochzeiten auffangen, für die keine Priester mehr zur Verfügung stehen. Verloren gehen: das Sakrament der Beichte, das durch Bußriten ersetzt wird, das Sakrament der Krankensalbung, das durch das Seelsorgegespräch mit Kommunionempfang ersetzt wird, die Seelenmesse, die kaum mehr im Zusammenhang mit einem Begräbnis gefeiert wird. Taufschalen werden auf der Altarinsel platziert. Weihegottesdienste werden immer seltener, der Priester wird im Kranz seiner zahllosen Pfarrverbands-Gemeinden zum Alien, der mit Erwartungen und Aufgaben so überhäuft wird, dass man Angst haben muss, er sei im Inneren schon längst zum traurigen Clown geworden.

5. Zwischen Hingabe und Berührungsangst (In der orthodoxen Welt)

5.1. Defensive Sakralität

Ehrfurchtslosigkeit im Umgang mit dem Gottesdienst und mit gottesdienstlichen Texten kann man nun den orthodoxen Kirchen und Gemeinden überhaupt nicht vorwerfen. Es ist so, als wenn in ihnen das Gegenprogramm zu den westlichen Ansätzen zum Ausdruck kommt. Die Kirche, die einzelne Gemeinde oder der Priester sind nicht Besitzer, Inhaber und rechtliche Normgeber des gottesdienstlichen Geschehens. Man unterscheidet auch nicht zwischen einem Glaubensgrund und einer ganz in den Händen der Menschen liegenden und machbaren, irdischen Gestalt. Die Liturgie ist nicht untergeordnet und kann auch nicht unterworfen oder zurechtgemacht werden. Es ist umgekehrt. Die Kirche lebt aus dem vorgeordneten gottesdienstlichen Geschehen. Der Ritus ist Träger dieses Geschehens. Wenn man ihn ändert, dann beschädigt man das Geschehen der Offenbarung. Textgeschichtlich ist es daher auch zu einer Addition von Riten und Gebeten gekommen und weniger zu Streichungen. Die Traditionsaddition hat zum Beispiel zu Verdoppelungen beim Segen geführt. In manchen historischen Phasen sind die umfangreichen monastischen Traditionen so dominant überliefert, dass man die Form des weltlichen Gottesdienstes nicht leicht erheben kann. Die gegenwärtige

5. Zwischen Hingabe und Berührungsangst (In der orthodoxen Welt)

Form des byzantinischen Liturgiewerkes hat sich zwischen dem 14. und 16. Jahrhundert durchgesetzt. Wenn es aus pastoralen und zeitlichen Gründen nötig ist, kann man die Feier des Gottesdienstes kürzen und es kommt zu einer pastoral üblichen Auswahl von Gebeten und Riten, aber es kommt nicht zu destruktiv empfundenen Eingriffen. Die ostkirchlichen Liturgien sind Kunstwerke, die im Wechselspiel zwischen Konzentrat und Entfaltung aus biblischen, theologischen, ästhetischen und kommunikativen Inhalten bestehen. Die Gläubigen treten in ein Gesamtgefüge symbolischer, visionärer und therapeutischer Inhalte ein. Sie öffnen ihre Sinne und partizipieren mit allen Sinnen am Geschehen des Ritus. Idealtypisch wird eine mystische Gottesbegegnung erstrebt, die den Menschen zutiefst anrührt.

Bildlich gesprochen, gibt die Orthodoxie ein Feuer weiter und muss aufpassen, dass es nicht erlischt. Dabei ist es auch zu einer gewissen defensiven und zugleich exklusiven Haltung gekommen. Die Orthodoxie musste sich gegen theologische und politische Eindringlinge zur Wehr setzen. Sie hat sich zum Beispiel jahrhundertelang in die Knechtschaft der westlichen scholastischen Theologie begeben, aus der sie sich erst im letzten Jahrhundert durch die Bewegung der neopatristischen Synthese befreien konnte. Ein Feuer kann man kaum am Leben erhalten, indem man über die Glut theologisch diskutiert. Jedenfalls konnten auch die Jahre der Unterdrückung, Marginalisierung und Verfolgung in den Zeiten der kommunistischen Macht dieses Feuer nicht löschen. Das gilt ebenso für die Länder, in denen das orthodoxe Christentum als Minderheit in mehrheitlich vom Islam geprägten Gesellschaften lebt.

Die offiziellen Dokumente der Großen und Heiligen Synode von Kreta aus dem Jahr 2016, hinter deren Inhalten die Mehrheit der orthodoxen Kirche steht, zeigt den plakativen Kritikern an, dass die Orthodoxie in der Moderne angekommen ist.

Es gibt zwar kein eigenes Dokument speziell zur Liturgie, aber das eucharistische Ideal der Orthodoxie und der Respekt vor der gebeteten Tradition durchziehen alle Verlautbarungen. Belastet ist das gottesdienstliche Leben mittlerweile durch jurisdiktionelle Spannungen zwischen den Patriarchaten Konstantinopel und Moskau, die im Zusammenhang von politischen und kirchlichen Entwicklungen entstanden sind. Diese sind jedoch auf Gemeindeebene kaum spürbar.

5.2. Vielfalt sucht Einheit

Die orthodoxen Gemeinden versammeln sich zur Liturgie getrennt nach nationaler Herkunft. Sie unterstehen unterschiedlichen Heimatkirchen, feiern in verschiedenen Kirchen- und Muttersprachen und folgen voneinander abweichenden gottesdienstlichen Kalendern. Unterschiedliche Liturgieübersetzungen in die deutsche Sprache sind in den letzten Jahrzehnten entstanden und wurden in den Gemeinden „deutscher Zunge" verwendet. Die in Deutschland nachwachsenden Generationen, die den Sprachen der Herkunftsländer nicht mehr so verbunden sind, müssen auch angesprochen werden. Mittlerweile gibt es auch einen gemeinsam erarbeiteten Vorschlag für die Göttliche Liturgie in deutscher Sprache von 2017. Ein Jahr später erschien auch eine eigene Übersetzung der Evangelien. Theologisch gibt man an, die Übersetzungen müssten aus der Glaubenspraxis und autorisierten Texten der eigenen Tradition entstanden sein und die enge Verbindung von Bibel und Liturgie abbilden. In den letzten Jahrzehnten wurden in den Gottesdiensten verschiedenste Übersetzungen verwendet, so auch die Lutherbibel und die katholische Einheitsübersetzung. Letztere sogar in der griechisch-katholischen Ausgabe des Evangeliars von 2003 und des Apostolos von 2005. Ob die neuen orthodoxen Übersetzungen, die mit gewollt wirkenden, selbstgewählten sprachlichen Stolpersteinen und mit ein paar Spuren konfessionellen Überlegenheitsgefühls markiert sind, gut gelungen sind, wird die Rezeption dieser Texte in den nächsten Jahren erweisen.

5.3. „Orthodoxokalismus"

Zur Defensive der Orthodoxie gehören in den verschiedensten Heimatländern und Tochterkirchen – so auch in Deutschland – sehr exklusiv ausgerichtete Einzelpersonen, die sich als geistliche Führer ansehen, und Gruppierungen, die die innerorthodoxe Diskussion mit fanatischen Meinungen dominieren wollen. Sie sind selbstverständlich bereit, die Kirchleitungen pauschal anzugreifen und auch Kirchenspaltungen in Kauf zu nehmen. Um dieses zu verhindern, müssen die Kirchenleitungen Rücksicht nehmen. Besonders Fragen aus dem gottesdienstlichen Bereich, z.B. Kalenderfragen oder die Verwendung der Kirchensprache, finden dabei Interesse. Aspekte, die aus dem Bereich der Ökumene oder der säkularen Gesellschaft in die kirchliche Diskussion eingebracht werden, lösen Feindbild-Stereotypen aus. Ein sprechendes Beispiel aus der Gegenwart dafür ist die Ablehnung der durch das Patriarchat Moskau erlassenen Instruktionen zum hygienischen Umgang mit der Kommunionausteilung in der Corona-Krise. Die Fanatiker beharren darauf, dass man sich bei der Kommunion nicht anstecken kann, und stilisieren ihren Irrtum zum Zeichen des wahren Glaubens. Das Phänomen der Fanatiker in der Orthodoxie bedürfte einer gründlichen historischen und theologischen Untersuchung. Insgesamt ist es zwar verständlich, jedoch auch bedauerlich, dass die Kirchenleitungen Rücksicht auf diese Fraktion nehmen. Die fanatische Defensive verzerrt das Bild der

Orthodoxie in der Gesellschaft zu einem ängstlichen, rückwärtsgewandten, sich selbst abkapselnden Reservat, das keinen Zugang mehr zu den säkularen Menschen schaffen kann und will. Im Grunde ist es doch umgekehrt, eine sich nicht exklusiv, sondern exemplarisch verstehende Orthodoxie müsste sich geradezu als Priesterin des Säkularen verstehen können. Die orthodoxe Liturgie hat gerade wegen der Bewahrung ihres sakralen Charakters ein großes Potenzial, von der gegenwärtigen Gesellschaft angenommen zu werden, weil sie authentisch geblieben ist.

6. Zwischen aufgeklärter Bibeltreue und Verlust der Identität (In der evangelischen Welt)

6.1. Evangelische Umarmung

Bis in die 1970er Jahre konnte man in den evangelischen Landeskirchen noch deutlicher zwischen lutherischem, reformiertem und uniertem Gottesdiensttyp unterscheiden. Äußere Indikatoren waren: unterschiedliche Bibelübersetzungen, Verwendung von religiösen Bildern und Statuen, das Kruzifix im Altarraum und die Anzahl der Kerzen oder Blumen auf dem Altar, das Schnittmuster des Beffchens oder die Halskrause bei der Amtstracht des Pfarrers. Zentraler Konfliktpunkt waren neben den scholastischen Auseinandersetzungen in der Prädestinationslehre die unterschiedlichen reformatorischen Annahmen über die Gegenwart Christi bei der Feier des Heiligen Abendmahles, die auch zur Ausprägung von unterschiedlichen Gottesdiensttypen geführt hatten: dem reformierten oberdeutschen Predigtgottesdienst auf der einen Seite und dem formal an die Messform angelehnten lutherischen Hauptgottesdienst auf der anderen Seite. Die „Arnoldshainer Abendmahlsthesen" von 1962 konnten von den Lutheranern noch nicht mitgetragen werden. Erst die „Leuenberger Konkordie" vom 16. März 1973 wurde zur Basis einer Kanzel-, Abendmahls- und Ordinationsgemeinschaft der Landeskirchen in Deutschland. Die gefundene Einigungsformel lautet: „Im Abendmahl schenkt sich der auferstandene Jesus Christus in seinem für alle dahingegebenen Leib und Blut durch sein verheißendes Wort mit Brot und Wein" (LK II 2). Chemisch rein getrennte Konfessionen hatte es schon vorher nicht gegeben, die pietistische Theologie mit ihrer sakramentalen Skepsis war durchaus in allen drei evangelischen Kirchentypen verbreitet. Daher erfassten die gottesdienstlichen Zutaten aus der neopietistischen oder polypietistischen Küche alle Landeskirchen. Es wird nach den gleichen Prinzipien und mit den gleichen Bausteinen der Gottesdienst überall ähnlich „gestaltet". So findet man heute eigentlich in allen Landeskirchen als Grundmodell den Evangelischen Gottesdienst, der Spuren aller konfessionellen Gottesdienste textlich und theologisch aufweisen kann. Geeint sind sie durch eine neue Art und Weise, den Gottesdienst zu verstehen und mit ihm umzugehen. Die Leuenberger Konkordie ist dafür eine Art theoretischer Beschreibungskonsens, der zwar kirchenpolitisch zu mehr Gemeinschaftsmöglichkeiten geführt hat, aber ihre theologischen Topoi berühren die Praxis in den Gemeinden kaum. Die Konkordie hat nicht zur Bewältigung des protestantischen Abendmahlsparadoxes beigetragen, sondern zur Festschreibung. Was nützt eine Kompromissformel über die eucharistische Gegenwart, wenn damit der unausgesprochene Konsens verbunden ist, dass das Abendmahl nur gelegentlich gefeiert zu werden braucht? Mittlerweile ist man aber schon einen Schritt weiter und kann einen weiter entwickelten neuen Konsens feststellen, den die evangelische Theologin *Frederike van Ooschot-Reiz* in einem EKD-Interview vom 9.10 2020 folgendermaßen ausdrückt: „Zum Beispiel geht es nicht mehr in erster Linie um die Frage, ob [sic!] oder wie der Herr im Abendmahl gegenwärtig ist. Sondern vielmehr darum, auf welche Weise wir Menschen im Abendmahl gegenwärtig sind."

Es sagt auch etwas über den Stellenwert des Gottesdienstes in den Landeskirchen insgesamt aus, dass der Konfirmandenunterricht sich nicht primär als Einübung in den christlichen Gottesdienst versteht, sondern als Bearbeitung eines thematischen Programms. Der Besuch des Gottesdienstes ist nur gelegentlich verpflichtend, der Besuch des Unterrichtes immer. Dieses Schema scheint unhinterfragbar zu sein. In einer Fahrschule ist zur Erlangung der Fahrerlaubnis theoretischer und praktischer Unterricht anders gewichtet.

6.2. Das protestantische Abendmahlsparadox

Der Umgang der landeskirchlichen Gemeinden mit den Sakramenten, besonders mit dem Heiligen Abendmahl, offenbart eine nur schwer zu erfassende und kaum zu beschreibende Eigenart dieser Kirchen. Das apostolische Ideal der Apostelgeschichte berichtet von der täglichen einmütigen Versammlung im Tempel und von dem Brotbrechen hier und dort in den Häusern (Apg 2, 46). Das lutherische Bekenntnis kann sogar anführen: „Die Messe ist von den Evangelischen nicht abgeschafft worden, sondern wird mit größerer Andacht als bei den Widersachern gehalten. Die gottesdienstlichen Formen sind nicht merklich geändert worden." (CA 24) Die Apologie führt dazu aus, dass an allen Sonntagen und Festtagen die Messe gefeiert wird. Auch Johannes Calvin schreibt: „Es wäre äußerst wünschenswert, dass die Feier des Heiligen Mahls Jesu Christi mindestens jeden Sonntag stattfände, wenn die Gemeinde als Ganzes versammelt ist" (Calvin-Studienausgabe, 116). Obwohl es also die biblischen und reformatorischen Quellen eigentlich anders nahelegen, ist die sonntägliche Feier des Heiligen Abendmahles den evangelischen Kirchen verloren gegangen. Es gibt nur verschwindend wenige Gemeinden, die einer sonntäglichen Praxis folgen. Eingebürgert hat sich vielerorts die Feier einmal im Monat und einmal an hohen Feiertagen. Das Interessante daran ist aber, dass der Ausfall des sonntäglichen Heiligen Mahles nicht als Verlust oder Unterlassungssünde empfunden wird und die Kirchenleitungen, Pfarrämter und Kirchenvorstände nicht bemüht sind, diesen mit allen Anstrengungen zu beheben. Die Haltung, die dahintersteht, scheint zu sein, dass es zwar nicht ganz ohne das Altarsakrament gehe, aber dass „zu viel Abendmahl" auch nicht gut sei. Bei besonderen Gottesdiensten entfällt auch gelegentlich das Abendmahl, weil es zu lange dauert oder nicht passt, die lange Predigt passt jedoch immer. Weder der ökumenischen noch der liturgischen Bewegung des 20. Jahrhunderts ist es gelungen, dieses Bollwerk zu knacken, auch nicht den Auffassungen prominenter Universitätstheologen, wie der von *Karl Barth* (1886-1968), der schreibt: „Es ist [...] nicht in Ordnung, dass bei uns nicht an jedem Sonntag auch Abendmahl gefeiert wird" (Barth, Gesamtausgabe, 277). Man kann dies theologisch-geschichtlich erklären und den Unterschied im Verständnis von „Gnadenmittel" und „Sinnzeichen" erklären. Man kann auch liturgiegeschichtlich feststellen, dass das Heilige Abendmahl lange Zeit einseitig charakterisiert wurde als Beicht- und Vergebungsfeier. Man kann auch berichten, dass es bis in die 1970er vielerorts in den lutherischen Kirchen üblich war, das Sakrament „im Anschluss an den Gottesdienst" als Anhängsel anzubieten für die, die es aus persönlichen Gründen nötig hatten, während die überwiegende Mehrheit der Gläubigen vorher mit dem Segen entlassen wurde. Zu dem Konzept des Abendmahles als Ausnahme passt dann auch, dass es als Gemeinschaftserlebnis auf Konfirmandenfreizeiten in besonderen Feierformen gehalten wird, die dann wieder nicht zur sonst üblichen Praxis der jeweiligen Gemeinden passen. Besondere Formen auf Kirchentagen wie „Feierabendmahl", „Sedermahl", „Liebesmahl" weisen zwar auf besondere Freiheiten und Experimentierfreudigkeit hin, können aber eher gelesen werden als Zeichen, dass die evangelischen Kirchen einen liturgischen und theologischen Konsens des Sakramentalen verloren haben.

Man begegnet zwei Defensivargumentationen, die den protestantischen Usus mit dem Sakrament zu verteidigen vorgeben. Die eine ist, dass das Abendmahl so selten gefeiert wird, weil es als hoch geehrt immer etwas Besonderes bleiben soll. Darauf einzugehen, lohnt sich nicht, es ist die Ausrede der Ertappten. Das andere ist, dass das Sakrament nach evangelischem Verständnis genauso ein Wort-Gottes-Geschehen sei wie die Predigt und daher nicht als etwas Höheres anzusehen ist. Ein Heidelberger Konfessionskundler setzte die Pointe so: „Der Predigtgottesdienst ist zwar nicht der ganze Gottesdienst, aber ganz Gottesdienst." Dieses kollidiert aber mit dem klassischen lutherischen Terminus von der „manducatio oralis", nach dem gerade das leibliche Essen und Trinken für den Heilsvollzug nötig sei, was auch die Leuenberger Konkordie nicht in Frage stellt. So wäre auch ein Abendmahlsgottesdienst ohne Predigt „ganz Gottesdienst". So etwas will man aber bestimmt nicht.

Der protestantische Umgang mit dem Sakrament signalisiert eher theologische Unsicherheit, praktische Hilflosigkeit und spirituelle Last als Liebe. Vielleicht hat man auch Angst vor der Verbindlichkeit des Glaubens, die vom Abendmahl ausgeht. Man könnte es auch regelmäßig in einer „light"-Variante feiern, die mehr Unverbindlichkeit signalisiert, aber daran wagt man sich auch nicht, sondern man lebt lieber mit einer Art sakramentalem Wurmfortsatz, bei dem man Angst hat, dass er sich entzündet. Jede regelmäßige Feier des Heiligen Abendmahles, in welcher Form auch immer, entwickelt ihre eigene Dynamik.

Eine besondere Variante des protestantischen Abendmahlsparadoxes ist im ökumenischen Feld zu finden. Eine große Anzahl von Dokumenten der letzten Jahrzehnte diskutiert und bereinigt theologische Fragen und ökumenische Hindernisse.

6. Zwischen aufgeklärter Bibeltreue und Verlust der Identität (In der evangelischen Welt)

Auch die evangelische Seite spricht mit Katholiken und Orthodoxen wie auf Augenhöhe mit Ehrfurcht und Hochachtung von der Eucharistie und stellt weitreichende Konvergenzen in Theologie, Frömmigkeit und Praxis fest. Ein gutes Beispiel dafür ist das ÖRK-Projekt BEM (Baptism, Eucharist and Ministry), aus dem die sogenannte Lima-Liturgie hervorgegangen ist. Schaut man in die Gemeinden, werden alle diese Dokumente in der Wirklichkeit des Gemeindelebens nicht abgebildet. Es wird im ökumenischen Dialog sehr schwierig, wenn Kirchen, die einer eucharistischen Ekklesiologie folgen, in den Dialog treten mit Kirchen, die zwar gemäß der vielzitierten Formel des Augsburger Bekenntnisses „Denn das genügt zur wahren Einheit der christlichen Kirche, dass das Evangelium einträchtig im reinen Verständnis gepredigt und die Sakramente dem göttlichen Wort gemäß gereicht werden." (CA VII) eine eucharistische Ekklesiologie annehmen könnten, eine solche aber de facto nicht brauchen. Das Schema lautet: Wir könnten es eigentlich, aber wir brauchen es in Wirklichkeit nicht. Eine solche Haltung findet man auch im Umgang mit dem Eucharistiegebet. In einer Handreichung aus der Landeskirche in Bayern findet man dazu: „Die Herabrufung des Heiligen Geistes gehört bereits seit den ersten christlichen Jahrhunderten zum eucharistischen Gebet und ist in manchen Kirchen des Ostens das Herzstück der Abendmahlsliturgie. Dennoch kann sie nach der Ordnung unserer Kirche entfallen, weil sie zum rechten Vollzug des Sakraments nicht zwingend erforderlich ist." (Landeskirchenrat der ELKB, 25)

Darum kommt es schon fast dem Psychogramm einer Doppelblindstudie gleich, wenn Evangelische mehr oder weniger direkt von der katholischen Kirche die Zulassung zur Kommunion erwarten. Sie selbst würden niemanden abweisen, denn Christus sei doch selbst der Einladende. Auf die Spitze getrieben könnte man formulieren: Wollen diejenigen, in deren Kirchen Christus sie nur alle vier Wochen und an hohen Feiertagen einlädt und die die katholische Abendmahlslehre und Ekklesiologie nicht teilen, nun plötzlich jeden Sonntag in der katholischen Kirche kommunizieren, um ihre Sonntagspflicht zu erfüllen? Bei der Forderung nach der Praktizierung offener Kommunion geht es nicht um Kommunion mit Christus, sondern eigentlich um eine versteckte Anerkennungsproblematik und Selbstwertsehnsucht.

Im protestantischen Abendmahlsparadox kann man eine tief sitzende antieucharistische Blockade als eine über Generationen in die protestantische Genetik eingesickerte Grundhaltung erkennen. Es kann nicht ausbleiben, dass die Feier einer „liturgia interrupta", die im Normalfall vor dem eucharistischen Teil abzubrechen ist, obwohl die verborgene Dynamik des Gottesdienstes auf die Feier des Heiligen Mahles intensiv zusteuert, tief sitzende Auswirkungen hervorruft. Es mag auf eine bis heute unterbewusst tradierte Hemmung zurückzuführen sein, man würde mit dem rituellen Vollzug in etwas hineinstolpern, was man theologisch eigentlich ablehnt. Der Ritus würde dann dazu führen, das evangelische Abendmahl als Variante des katholischen „Ex opere operato"-Vollzuges zu begehen. Weil dieses als „Heilsautomatismus" verstanden werden könnte, käme es einem Sakrileg gleich. Aus tief sitzender Angst, man würde durch den „Vollzug des Ritus" etwas grundsätzlich falsch machen, kann und will man sich dem Geschehen der Eucharistie nicht hingeben. Bei der nur gelegentlichen Feier des heiligen Mahles kann diese Hemmung leichter überspielt werden. Charakteristisch ist dafür die Körpersprache vieler evangelischer Geistlicher, die dabei eine demonstrativ lockere, im Tiefen allerdings verklemmt oder einstudiert wirkende Körperhaltung einnehmen, die ihre Überlegenheit über den Ritus demonstrieren soll. In Wirklichkeit ist es eine Hingabehemmung oder -störung an das Ritual.

An eine Übersprunghandlung erinnert der eigentümliche Umgang mit der Austeilung der Abendmahlsgaben, der sich mancherorts eingebürgert hat. Eigentlich wird die Gemeinschaft ja durch den Empfang der Gaben konstituiert. Die Instinkte von Gemeinschaftlichkeit und Individualität verwirklichen sich in einer wirksamen Balance. Im evangelischen Gesangbuch hieß es zwar traditionell in einem Abendmahlslied: „Wir sind, die wir von einem Brote essen, aus einem Kelche trinken, alle Brüder und Jesu Glieder". Das Trinken aus dem „einen Kelch" ist aber mittlerweile vielerorts durch den neuen Kult der „Einzelkelche" ersetzt worden. Tabletts oder Tischchen stehen mit Einzelkelchen bereit, auf dem Altar ist die sogenannte „Kelchpyramide" errichtet. Die Einzelkelche können mit Wein oder Traubensaft gefüllt sein und werden dann ausgeteilt. In welchem Verhältnis sie zu dem größeren Kelch stehen, der bei den „Verba testamenti" verwendet wird, bleibt unklar. In einer hessischen Gemeinde segnet die Pfarrerin den leeren großen Kelch, teilt dann von der Saftpyramide die Einzelkelche aus. Dieses alles ist nur dann möglich, wenn man annimmt, das Abendmahl sei ein nominalistisches Ideengeschehen. Ist man sich einig in der Idee und „Bedeutung" des Sakraments, kann die Form sehr variabel werden und eben meist auch sehr ideologisch gegenüber denen, die das nicht wünschen. Andererseits möchte man auch ein Gemeinschaftsgeschehen darstellen. Es hat sich eingebürgert, ohne dass es agendarisch vorgeschrieben oder nahegelegt wird, dass nach der Austeilung die im Kreis stehenden Gemeindeglieder sich an der Hand nehmen und eine Kette bilden. Der Pfarrer spricht als Segensworte oder Ermutigungswort einen Bibelvers, alle schauen sich freundlich an und drücken sich fest die Hände. Dieser Usus hat seinen Ursprung in der „Bruderkette" eines Freimaurerbrauches. Dier Brauch wird als hoch emotional und bei vielen als konstitutiv für das Abendmahlsgeschehen angesehen.

6.3. Risiken und Nebenwirkungen

Die Corona-Pandemie des Jahres 2020 führte zu mehreren Entwicklungen im gottesdienstlichen Bereich. Nicht zu diskutieren sind hier die staatlichen Vorgaben, was die Schließung der Gotteshäuser, die Begrenzung der Besucherzahl und die Hygienevorschriften zur Reduzierung des Ansteckungsrisikos betrifft. Zu beobachten ist aber der Umgang der Kirchen mit dem Gottesdienst in dieser herausfordernden Situation. Was die Kirchen selbst vom Gottesdienst halten, was sie mit einem Gottesdienst wollen, wird deutlich daran, wie sie mit dem Gottesdienst in dieser Situation umgehen. Was sie tun, spricht eine deutlichere Sprache, als sie es selbst merken.

Am überzeugendsten scheint hier das gottesdienstliche Leben von Klöstern und Gemeinschaften, die in eine Klausur gehen können und intern das gottesdienstliche Leben von Anbetung, Fürbitte und Eucharistie fortführen können. Sie verhalten sich unbeeindruckt von äußerlichen Lasten und versuchen, stellvertretend für alle, den Schatz des Gottesdienstes zu feiern. Die Corona-Fernsehgottesdienste sind die vermeintlich bessere, da bedürfnisorientierte Variante. Sie wirken inszeniert und skurril, weil man einerseits meint, die zuschauende Gemeinde in ihrer „Betroffenheit" abholen zu müssen, und auf der anderen Seite die eigene Wichtigkeit beweisen will. Dieser Mechanismus von „Gestalten und Beweisen" erlebt Hochkonjunktur. Masken werden mit hohem Ernst an- oder abgelegt. Man schreitet feierlich durch das leere Gotteshaus, als wäre es voll besetzt. Solisten und kleine Abstands-Chor-Ensembles werden eingesetzt, um die bisherige Atmosphäre zu retten. Im evangelischen Ostergottesdienst macht sich sogar das feierlich gesungene „Exsultet" wieder gut, das man eigentlich als antiquiert und unzeitgemäß längst aus modernen Gottesdienstentwürfen verbannt hatte. Prominente Geistliche beweisen, dass sie Corona-Gottes-

6. Zwischen aufgeklärter Bibeltreue und Verlust der Identität (In der evangelischen Welt)

dienst „können". Die multiple Welt der Videoandachten in den Gemeinden ergänzt in feierlichen und säkularen Varianten das Geschehen. Hier soll sich zeigen, was begabte Geistliche medial draufhaben und dass es sie noch gibt. Die katholische Kirche kann auf die Tradition verweisen, nach der auch ein Priester mit Assistenz ohne anwesendes Kirchenvolk eine Messe für alle feiern kann. In der orthodoxen Kirche ist es wichtig, dass die Liturgie unter welchen Umständen auch immer als Liturgie gefeiert wird. In den evangelischen Kirchen wird die physische Anwesenheit von Gläubigen als konstitutiv betrachtet. Man kann nicht wissen, ob es Geistliche gab, die zur Gottesdienstzeit in die Kirchen gegangen sind, um zu beten, oder ob die Gottesdienste einfach ausgefallen sind, weil „keine Gemeinde" da war.

Es treten auch Symptome auf, die man als „eucharistischen Breakdown" bezeichnen kann. In einem Brief zu Ostern 2020 versendete der Landesbischof der Landeskirche Hannover *Ralf Meister* an die Ruhestandsgeistlichen einen Brief, in dem eine „Oblate" (von ihm so bezeichnet!) eingelegt war, die zwar anscheinend nicht konsekriert war, dafür aber mit Schutzhandschuhen verpackt, wie ausdrücklich vermerkt ist. Im Brief steht: „Eine besonders intensive Gemeinschaftserfahrung lag und liegt im Empfang der Gaben im Abendmahl. ‚Für euch gegeben' und ‚vergossen zur Vergebung der Sünden'. Gestiftet von Jesus Christus selbst trägt es unsere Geschwisterschaft durch alle Zeiten … Als Zeichen dieser fortwährenden Gemeinschaft finden Sie eine Oblate in diesem Brief. Sie möge Sie erinnern an die Mahlgemeinschaft am Tisch des Herrn und Ihnen Herz und Seele speisen."

Ein Arbeitspapier aus der Pfälzischen Kirche im Oktober 2020 sinnierte über die Möglichkeit eines Online-Abendmahles. Es sieht eine solche Feier in bestimmten Fällen als sinnvoll und möglich an. Die Videokonferenz gilt dabei als Raum der gottesdienstlichen Versammlung der Gemeinde. Es entsteht eine hybride Gemeinde als Mischung aus Offline- und Online-Begegnungen. Um das Problem zu lösen, dass Menschen allein vor dem Rechner sitzen „und sich das Brot und den Wein/Saft selbst nehmen", könnten ältere Menschen mit einer App statt Einkaufshilfe auch „Abendmahlsbegleiter/innen" einladen, die gemeinsam vor dem Bildschirm den Gottesdienst miterleben und sich dann gegenseitig die Elemente reichen. Die Überlegungen übergehen dabei allerdings nicht die selbstkritische Frage, ob denn noch das Bewusstsein für den Unterschied von Abendmahl und Agapemahl vorhanden sei.

6.4. In der Traumfabrik der Agenden

Nach dem 2. Weltkrieg wurde für die lutherischen Kirchen in Deutschland eine Agende erarbeitet, die maßgeblich von *Christhard Mahrenholz* auf dem Hintergrund der Erkenntnisse der liturgischen Bewegung verantwortet wurde. Sie verfolgte beeindruckende Ziele. So wollte sie das reformatorische Erbe, das in den Messformularen Luthers zum Ausdruck gebracht worden war, bewahren und die Anschlussfähigkeit der lutherischen Messe an die katholische und altkirchliche eucharistische Tradition wiederherstellen. Gleichzeitig findet in ihr eine an der Lutherbibel orientierte Kultsprache ihren Ausdruck und für die gesungenen Gebete werden klassische gregorianische Gesangstöne zur Verfügung gestellt. Diese Agende enthält Vorbereitungs- und Dankgebete für die Pastoren und bezieht weitere liturgische Dienste, so etwa das Kantoren- und das Lektorenamt, mit ein. Als sonntäglicher Hauptgottesdienst wird die Evangelische Messe, also mit (!) der Feier des Heiligen Abendmahls angesehen. Holzschnittartig kann man diese lutherische Messe der römisch-katholischen Messe von 1962 zur Seite stellen. Diese Agende sollte die verschiedenen gottesdienstlichen Ordnungen aus dem 19. Jahrhundert, die mit ihren romantischen Melodien durchaus eine gewisse volkstümliche Beheimatung und Beliebtheit in manchen Regionen gefunden hatten, ablösen, ebenso die durch die Erweckungsbewegung und die Erwartung pietistischer Flüchtlinge gepflegten Gottesdienstformen. Man ahnt es schon: Das Problem dieser Agende war nicht, dass sie liturgisch nicht gelungen gewesen wäre, sondern dass sie nicht rezipiert werden sollte. Ihr wurden natürlich negativ verstandene, katholisierende Tendenzen vorgeworfen und Traditionalismus unterstellt. Sie wurde auch mancherorts in den Predigerseminaren durch die Studienleitungen lächerlich gemacht. Das grundsätzliche theologische Anliegen der sonntäglichen Eucharistie konnte sich überhaupt nicht durchsetzen. Kirchenmusiker führten die musikalischen Anliegen auch nur partiell ein. Das Scheitern der Einführung traf zusammen mit dem Aufblühen der sich selbst als modern verstehenden Werkstattphase der Gestalter, die den Gottesdienst pädagogisch, psychologisch und pädagogisch besser verstanden haben wollten und von daher den Anspruch erhoben, mit dem Gottesdienst auch besser umgehen zu können als die „Liturgisten". „Gottesdienst menschlich" gegen „liturgisch" war die Devise. Dies legt einen anscheinend mittlerweile in der protestantischen Genetik verankerten neopietistischen Drang offen, demgemäß das selbst Gebastelte und Entworfene besser und lebendiger sein muss als das vorfindliche Formular. Das freie Gebet ist besser als das agendarische. Die den Gottesdienst Vorbereitenden müssen „ihre Fürbitten" je neu formulieren und zum Anliegen der ganzen Gemeinde machen. Dieses erinnert an die Auffassung der Glaubensgemeinschaft der Zeugen Jehovas, die davon ausgehen, dass man das Vaterunser nicht einfach dem biblischen Wortlaut nach beten soll, weil das ein „Plappern wie die Heiden" sei, sondern man müsse beten können, wie Jesus das Vaterunser betet, also nach „Art des Vaterunser".

Dieser neopietistische Ansatz führt zu einer Doppelgesichtigkeit des evangelischen Gottesdienstes. Auf der einen Seite stellt das Agendenwerk ein komplettes Setting von Gebeten, Gottesdiensten mit umfangreichen Leseordnungen, Gottesdienstordnungen und einem Festkalender zur Verfügung, der aber völlig fiktiv ist. Die unbeweglichen Feste wurden nur an wenigen Orten, vielleicht in Verbindung mit Kommunitäten und Gemeinschaften gefeiert. Man sagt, wir haben das auch alles und können das auch vorweisen, aber wir brauchen es letztlich nicht. Pastoren, die dem „mahrenhölzernen" Ansatz der liturgischen Erneuerungen folgten und in ihren Kirchen nach der von ihnen angenommenen Gottesdienstordnung beten wollten, erhielten mancherorts zwar Unterstützung von der Kirchenmusik, wurden aber vom kirchlichen Establishment verfemt. Auf der anderen Seite siegt der Individualismus. Der Gottesdienst ist nur so weit der Tradition verbunden, wie es opportun erscheint, die Pfarrämter lassen in ihr Hoheitsgebiet Gottesdienst niemanden eindringen, der ihnen gefährlich werden könnte. Im Kampf zwischen der katholischen Seele der lutherischen Reformation und dem neopietistischen Genom hat die Seele verloren. Allerdings hat auch der moderne experimentelle Gottesdienst keinen Siegeszug angetreten und hat sich im Hinblick auf das kirchenpolitische Ziel der „Mitgliederbindung" auch nicht als Erfolgsmodell erwiesen.

6.5. Der „Neo-Usus"

Das „Evangelische Gottesdienstbuch", das 1999 als gemeinsames agendarisches Werk der lutherischen und unierten Kirchen herausgegeben wurde, versucht die eben beschriebenen Entwicklungen mit einem interessanten Ansatz aufzufangen. Man behält die Messstruktur als formalen Rahmen und durchaus sinnvollen Zusammenhang bei, die einzelnen Elemente werden aber als Module zur Gestaltung freigegeben. Sofern es die Gestaltungshoheit erlaubt und für hilfreich erachtet, können auch bislang als katholisierend verfemte Elemente und liturgische Versatzstücke aus anderen Konfessionen und sogar Religionen einbezogen werden. Wir sind also nach dem Kampf zwischen „Usus und Abusus" in der Gottesdienstgestaltung zu einem liturgisch aufgeladenen „Neo-Usus" gekommen, der das protestantische Konzept veredeln soll. Eigentlich ist es erstaunlich, was der „Neo-Usus" leistet. Er kann das aufnehmen, was noch vor Jahrzehnten verfemt war, er kann mit allen sakralen und säkularen Texten, Formen und Riten spielen, sie einsetzen und vorzeigen. Man scheut vor nichts zurück. Es muss nur die individuelle, pädagogisch angesetzte und konfessionell unausgesprochene Oberhoheit der protestantischen Grundhaltung bewahrt werden. Dem getanzten Kyrie kann ein charismatisches Gloria folgen, das Halleluja kann als Kanon gesungen werden, die Fürbitten werden mit emotionalen orthodoxen Bittrufen versehen. Die Endlosschleife meditativer lateinische Taizé-Kehrverse passt gut zur Gabenbereitung, die „verba testamenti" werden mit leichten Lounge-Klavierklängen unterlegt. Biblische Anspiele machen das Predigtsegment lebendig und zur Sendung und für Zuhause wird ein kleiner Holzengel mitgegeben. Es ist die liturgische Symphonie der protestantischen Individualisten und Spezialisten, die eine neue Lebendigkeit und Wichtigkeit darstellen soll. Diese Symphonie wird dirigiert von Pfarrämtern, im besten Fall mit Vorbereitungskreisen, die die Zauberkunst der liturgischen Effekte beherrschen. Das Vorwort der Agende der pfälzischen Landeskirche von 2006 wählt für diesen Ansatz die vielsagende Bezeichnung „schmiegsame Liturgie" und sieht sie als ein Konzept von Stabilität und Variabilität im Umgang mit den „Materialien" des einzelnen Propriums an. Man höre und staune: Es wird sogar für jeden Sonntag ein eigenes Eucharistiegebet angeboten. „Die Abendmahlsgebete sind orientiert an dem kerygmatischen Aussagewillen des jeweiligen Sonn- und Festtags." Aber auch hier gilt es wieder festzustellen, dass es in der pfälzischen Landeskirche keine sonntäglichen Abendmahlsfeiern gibt und dass an den wenigen Abendmahlssonntagen das Heilige Abendmahl dann nach der üblichen überkommenen Form und kaum mit den Texten der neuen Eucharistiegebete gefeiert wird.

Das Schicksal des agendarischen Fata-Morgana-Phänomens, nämlich dass Agenden den Anschein erwecken, es würden Gottesdienste gefeiert werden, die aber in der Praxis kaum oder nie stattfinden, wird vermutlich auch neu eingeführten Festtagen nicht erspart bleiben. Dazu gehören sogenannte „Themenfelder-Gottesdienste", der Tag der Maria Magdalena am 22. Juli und der 4. Sonntag nach Trinitatis mit dem „Gottesdienst zur neuen Gemeinschaft von Frauen und Männern". Ein besonders krasses Beispiel ist das Fest der Kreuzerhöhung, das für den ökumenischen Abschluss der Feierlichkeiten zum Reformationserinnerungsjahr 2017 als ein mit der römisch-katholischen und den orthodoxen Kirchen gemeinsamer Festtag „neu entdeckt" wurde. Er habe „eine hohe ökumenische Bedeutung, die bislang nicht in allen Konfessionen und Gemeinden erkannt wurde." Unter dem Slogan „Kreuz und quer verbunden" wurde der Festtag im Jahr 2017 gefeiert. Trotz dieser propagierten hohen Bedeutung ist er im evangelischen gottesdienstlichen Leben nicht weiter fortgeführt worden.

6.6. Heimatlose Bruderschaften

Die Anliegen der liturgischen und ökumenischen Bewegungen wurden im 20. Jahrhundert maßgeblich getragen von Bruderschaften, Schwesternschaften und Konventen in den evangelischen Kirchen. Diese Gemeinschaften meldeten sich nicht nur mit der Herausgabe von theologischen Beiträgen und liturgischen Texten in der evangelischen Welt zu Wort, sondern verwirklichten eigentlich eine Selbstverständlichkeit, nämlich, dass eine gottesdienstliche Erneuerung nicht außerhalb der gebeteten, gefeierten und gelebten Gemeinschaft und Wirklichkeit möglich ist. Eine Erneuerung als „Textarbeit" liturgischer Kommissionen ohne gebetete Wirklichkeit erschien ihnen falsch. Eine bei weitem nicht vollständige Liste solcher Gemeinschaften könnte man anführen: die Mönchsgemeinschaft von Taizé, die Evangelische Michaelsbruderschaft, die Hochkirchliche St.-Johannes-Bruderschaft, die St.-Athanasius-Bruderschaft, die Jakobusbruderschaft, das Kloster Werningshausen, die Communität Casteller Ring, die Communität St. Marien und Diakonissen-Schwesternschaften an verschiedenen Orten. Diese Gemeinschaften leisteten eigentlich eine kaum zu bewältigende Aufgabe. Sie wollten in ihren Kirchen einen eucharistischen Weg gehen, der de facto nicht mehr tradiert war. Dieser sollte sowohl in ihrer eigenen Tradition wiedergewonnen wie auch in ökumenischer Offenheit gefeiert werden. Sie entdeckten und adaptierten liturgische Formen und Elemente als evangelisch, die bislang in ihren eigenen Kirchen abgelehnt wurden oder verfemt waren. Um die Eucharistie als Lebensprinzip zu entdecken, führten sie in ihren Gemeinschaften gewissermaßen einen internen theologischen Dialog. Ihr Aufblühen wurde beflügelt von dem ökumenischen Aufbruch ihrer Zeit. Sie konnten auch in den Anfängen der ökumenischen Dialoge auf die Dokumente der offiziellen theologischen Begegnungen verweisen, die ihre Positionen unterstützten. Formen eucharistischer Gastbereitschaft und sogar Modelle der Ämterversöhnung wurden diskutiert und umgesetzt. Gleichzeitig mussten diese Gruppierungen beweisen, dass das, was sie lebten, wirklich evangelisch war, vielleicht sogar noch evangelischer als die Praxis der Landeskirchen. Damit wurden die Fragen des Gottesdienstes auf die Ebene der protestantischen Be-

6.6. Heimatlose Bruderschaften

kenntnisgemäßheit gehoben und so der gefeierte Gottesdienst der Gefahr ausgesetzt, zu einer Demonstration des Richtigen zu werden. Gleichzeitig war ein solcher Weg wohl nicht möglich, ohne dass die Vereinigungen sich in gewisser Weise am Leben der eucharistisch geprägten Kirchen orientieren mussten. Manche Persönlichkeiten sahen in der römischen oder altkatholischen, anglikanischen oder orthodoxen Tradition ein Vorbild.

Es kam dazu, dass die Gemeinschaften und ihre Mitglieder mehrheitlich mit einer versteckten bis offenen Ablehnung durch ihre eigenen Kirchen leben mussten, da diese den Weg der Gemeinschaften nicht oder zu gut verstanden und sie als nicht passend für das eigene kirchliche Leben eigentlich immer unterschwellig ablehnten. Die Gemeinschaften mussten mit der Stigmatisierung „katholisierend" leben, obwohl es eigentlich ein Ehrentitel hätte sein können. Sie fanden sich in dem Hiatus wieder, dass das Leben in den landeskirchlichen Gemeinden und ihre eigene Gebets- und Gottesdienstpraxis manchmal wie zwei verschiedene Welten wirkten, zwischen denen es keine Brücke mehr zu geben schien. An einigen Orten war es gelungen, im Gefolge der ersten VELKD-Agende einige Jahre oder Jahrzehnte sogenannte hochkirchliche Gemeinden zu haben, die aber ihre Akzente nur selten über mehrere Pfarramtsbesetzungen retten konnten. Auch der katholischen Seite gefiel es meistens besser, „echte" Protestanten als Gegenüber zu haben, bei denen es klar war, welche Mängel man bei ihnen auflisten konnte, als katholisierende Evangelische, bei denen man nicht genau wusste, wie man mit ihnen dran war, und bei denen man sogar beargwöhnen konnte, dass sie die Katholiken vielleicht auf der falschen Seite überholten. Die Gemeinschaften konnten auch die innerevangelischen Diskussionen über die historisch-kritische Schriftauslegung, die politische Theologie, die Einführung der Frauenordination und

Fragen der Sexualethik nicht ohne Schrammen überstehen. Eine leider unausweichliche Tragik musste auch das Leben dieser Gemeinschaften erreichen. Der echte ökumenische Aufbruch wurde zur kirchenpolitisch, diplomatisch gesteuerten Ökumene. Die Vision des erneuerten Gottesdienstes wurde evangelisch überholt vom „Neo-Usus", katholischerseits vom „Novus-Ordo-Syndrom". Kirchliches Leben gerierte sich mehr und mehr als anthropozentrischer Service, mit dem Ziel, alles zu tun, um das kirchliche Milieu zu retten und vor kritischen Infragestellungen zu bewahren. Kein Wunder, dass die Gemeinschaften der liturgischen und ökumenischen Bewegungen nach vielen Jahrzehnten nur ein trauriges Fazit ziehen konnten und sich mit einer Nischenexistenz in ihren Kirchen zufriedengeben mussten oder sich manchmal sogar aus ihren Kirchen zurückzogen.

6.7. Das Placebo-Kirchenjahr

Da der Gottesdienstbesuch zurückgeht und der Anblick von leeren Kirchen weder der Pfarrerschaft noch den letzten Getreuen guttut, kann man in der gottesdienstlichen Praxis häufig zwei Kniffe beobachten, die es nach außen so erscheinen lassen sollen, als sei noch alles in Ordnung. Der erste Kniff ist der zentrale Gottesdienst, der an zweiten Feiertagen oder am Reformationstag in einer Kirche des Kirchenkreises oder Dekanats für alle zugehörigen Gemeinden gemeinsam stattfindet in der Hoffnung, dass dort dann mehr Gottesdienstbesucher kommen. Doch die Gottesdienstbindung evangelischer Kirchenmitglieder ist nicht mehr sehr stark. Wenn zur Teilnahme am zentralen Reformationsgottesdienst aus Gründen der „Corporate Identity" wenigstens die verpflichtet würden, die vom

6.7. Das Placebo-Kirchenjahr

Dekanat ein Gehalt bekommen, müsste eine Kirche viel voller sein, als sie es in der Realität ist.

Ein anderes Manöver zur „Schönung" der Gottesdienstbesucherzahlen ist der Eventgottesdienst, bei dem sich Menschen aus unterschiedlichen Motiven verpflichtet fühlen, daran teilzunehmen. Ohne den Event kämen sie vermutlich nicht. Die interne Planung lautet: Wenn man bei dem unterschiedlichen Feiertagskalender der Länder sehr grob von 50 Gottesdiensttagen ausgeht, könnte man traditionell vielleicht von 10 Gottesdiensten mit halbwegs gesicherten Besucherzahlen ausgehen, einschließlich des Ausflugsgottesdienstes am Himmelfahrtstag. Der Komplex „Konfirmation" steuert dazu noch die Einführung und Vorstellung (ehemals Prüfung) der Konfirmanden und die Silberne und Goldene Konfirmation bei. Gottesdienste zum Ferienbeginn, zum Start des Kitajahres sind möglich. Je nach kirchenmusikalischer Einbindung bringen die Beteiligung der Sanges- oder Instrumentalchöre mehr Gottesdienstbesucher. Man kann auch die profanen Chöre einladen, um ihnen eine Bühne zu geben. Dazu kommen dann noch Gottesdienste mit der Sozialstation und zum St.-Martinsumzug mit dem Kindergarten, Gottesdienste mit der Freiwilligen Feuerwehr, zum Weihnachtsmarkt, mit dem Heimatverein, den verschiedenen Vereinen und Initiativgruppen nicht nur zum Jubiläum, sondern jährlich. Diese Gottesdienste müssen in der Gestaltung ausführlich auf die eingeladenen Gruppen eingehen und durch Lobbyarbeit vorbereitet werden. Ein Event monatlich sollte drin sein, denn warum sollte der evangelische Kirchenchrist in der sogenannte „festlosen Zeit" ausgerechnet am 14. Sonntag nach Trinitatis zur Kirche gehen, wenn dort nur der 14. Sonntag nach Trinitatis gefeiert wird? Alle sollen sich berücksichtigt und geschätzt fühlen und die Kirche kann sich selbst wieder als Zentrum des kulturellen Lebens ansehen und hohes Ansehen in der Lokalpresse genießen.

6.8. Internalisierte Formate

Unbewusst eingeschlichen haben sich bei der Umsetzung der Gottesdienstgestaltung auch Formate aus dem Unterhaltungsbereich des Fernsehens – und dies sowohl bei Besuchern des Gottesdienstes wie auch bei denen, die eine Aufgabe übernommen haben. Die unbewusst internalisierten Formate werden aber zugleich vorsätzlich ausgeführt. Der Pfarrer pendelt wie der Moderator im Fernsehgarten locker mit dem Mikrofon zwischen Altarraum und Gemeinde. Talkshowmäßig werden Einzelne in die Kommunikation mit einbezogen. Besondere Text- und Musikbeiträge oder kleine Aktionen werden sofort mit Applaus bedacht. Das Pfarrehepaar flirtet miteinander bei der Dialogpredigt wie das Moderatoren-Pärchen beim Frühstücksfernsehen. Video- und Audioeinspielungen sollen die Zuschauer bereichern. Haltungen und Empfindungen werden angesagt: „Wir beten nun in Dankbarkeit". „Wir geben einander ein Zeichen der Solidarität und des Friedens." Für diese Formate kann man in der evangelischen Welt Ausbildungskurse zum „Gottesdienstcoach" abschließen und auch im Vorbereitungsdienst den Ausbildungsabschnitt „Liturgische Präsenz" durchlaufen, bei dem man lernt, sich locker und feierlich zu bewegen, seine Persönlichkeit einzusetzen und wie die Lotto-Glücksfee an der Videowand die gute Nachricht der Gewinnzahlen zu verkünden und dabei ein aufmunterndes Sprüchlein parat zu haben für die, bei denen es diesmal nicht geklappt hat.

Der evangelische und der katholische Gottesdienst werden so zum „Regietheater". Mit der Kategorie „Regietheater" meint man im Bereich der darstellenden Kunst eine Inszenierung, bei der es nicht mehr primär um das Bemühen geht, eine Aufführung werkgetreu wiederzugeben, sondern bei der die Umsetzung durch den Regisseur oder die Mitwirkenden in den Mittelpunkt rückt. Man soll nicht mehr neugierig auf das Stück selbst werden, sondern auf die Inszenierung. Natürlich sei unbestritten, dass das, was man „rüberbringen" will, auch abhängig ist davon, wie man es „rüberbringt". Man sollte aber beim Gottesdienst davon ausgehen, dass man grundsätzliche Dinge nicht „rüberbringen" kann und es peinlich wird, wenn man sich dieses anmaßt. Und es kann dann passieren, dass trotz aller Bemühungen gar nichts „rübergebracht" wird.

6.9. „Ganz herzlich"

Der in der klassischen westlichen Messe übliche liturgische Gruß „Dominus vobiscum – Et cum Spiritu tuo" leitete verschiedene liturgische Grundsituationen im Verlauf des Gottesdienstes ein. Geistlicher und Gemeinde wünschten und vergewisserten sich damit gegenseitig der Gegenwart des Herrn. In den griechischen, lateinischen und slawischen Sprachen fehlt das Prädikat und drückt mit sprachlicher Dichte eine besondere Intensität aus. Im Deutschen hat sich als Prädikat das „sei" durchgesetzt. Der Gottesdienst der Christengemeinschaft, die „Menschenweihehandlung", drückt den Gruß ohne Kopula folgendermaßen aus: „Christus in Euch! – Und Deinen Geist erfülle Er". Der liturgische Gruß ist vom Phänomen her ein profaner Gruß, der mit einem Gotteswunsch veredelt wurde. Dieses trifft auch auf die anderen Grußformeln zu, die ursprünglich aus dem Neuen Testament stammen. Im „Neo-Usus" wurde diese Veredelung wieder profanisiert. Die Geistlichen versuchen als Privatperson „ganz herzlich" und ganz persönlich die Anwesenden privat abzuholen und durch Wohlfühlelemente in eine gute und empfängliche Stimmung zu versetzen. „Menschlich" soll die gottesdienstliche Gemeinschaft werden. Kauzige Bemerkungen, kleine Witze, mehr oder weniger gelungene politische und soziale Anspielungen werden vermischt mit theologischen Gedanken. Die Moderation des Gottesdienstes ist zu einer eigenen Königsdisziplin geworden. Ob der neue Pfarrer gut ist, merkt man daran, wie gut er diese Disziplin beherrscht. Das ist das Prinzip. Das Sakrale gilt eigentlich als zu verdächtigender Abusus, daher muss es profanisiert werden. Dem profanisierten Abusus wird dann der kommunikativ neoreligiöse „Neo-Usus" aufgesetzt. Diese Wandlungsprinzipien könnte man an verschiedenen Grundsituationen durchbuchstabieren. Diese ganzen betont betulichen „Herzlichkeiten" sind Signale, die solche Gottesdienste vermutlich deutlicher aussenden, als es den Veranstaltenden bewusst ist. Der kirchenferne Besucher weiß daher sofort, was er von diesen Gottesdiensten halten soll. Es kann sogar sein, dass er die vielleicht gutgemeinten Herzlichkeiten als vorsätzlich manipulativ ansieht. Vielleicht würde er lieber nach eigenem Maß die Nähe und Distanz zu einem Ritus suchen, der aus sich selbst spricht, als gleich beim Eintreten in den Kirchenraum von allen Seiten umarmt zu werden. Bei einem Abendmahlsgottesdienst in Darmstadt kamen während des Gottesdienstes noch einige Besucher in die Kirche, die sich in die letzten Bänke setzten. Als die anderen zur Austeilung in den Altarraum gingen und einen Kreis um den Altar bildeten, blieben die späten Ankömmlinge sitzen. Offensichtlich wollten sie nicht nach vorn kommen. Der Zelebrant rief ihnen vom Altar mit lauter Stimme zu: „Wie sollen wir Sie denn nun mit einbeziehen?" Die Abhol- und Ankommbemühungen der Geistlichen treiben munter weitere Blüten. In einem Kanal des Kinderfernsehens wurde die Heilige Taufe durch einen katholischen Priester erklärt und dann gezeigt. Er benutzte die Spendeformel „N.N., *gern* taufe ich dich im Namen des Vaters und des Sohnes und des Heiligen Geistes." Ein evangelischer Pfarrer ergänzte die Tauformel durch die eingefügte Begründung „denn er hat seinen Engeln befohlen ..." (Ps 91, 11), weil doch Engelvorstellungen auch beim säkularen Menschen so beliebt seien. Um den Gottesdienst ganz persönlich zu machen, lassen manche Pfarrer die Lieder im Gottesdienst von ihren Kindern oder von Jubilaren aussuchen und sagen dann diese Auswahl mit dem Namen der Kinder oder der Jubilare als deren angebliche Lieblingslieder an.

6.10. „Die das noch brauchen"

Im evangelischen Bereich lässt sich in den letzten Jahrzehnten beobachten, dass der Gottesdienst vor allem von den Funktionären der mittleren Entscheidungsebene als eine kirchliche Veranstaltung im Gemeindeleben gilt, die nur noch für eine Sondergruppe angeboten wird, die – wie man es formuliert – „das noch braucht". Diese Gruppe der liturgisch Bedürftigen wird anscheinend als eine besondere Seelsorgeklientel angesehen, die man pastoral bedienen muss. Diese Rest-Klientel darf dann sogar in Corona-Zeiten als pastorale Legitimation dafür dienen, dass die Kirchen im strengen Shutdown unter Berufung auf das Grundrecht der freien Religionsausübung weiter öffentliche Gottesdienste feiern. So sagte die evangelische Pfarrerin Ellen Radtke in der Sendung „Hart aber fair" am 14.12.2020 auf die Frage, warum denn die Kirchen angesichts sehr hoher Corona-Zahlen an Weihnachten nicht besser auf Präsenz-Gottesdienste verzichten, dass sie diese Frage für sehr gerechtfertigt halte, dass die Kirche aber eben auch eine wichtige pastorale Aufgabe hätte: „… weil wir an die Leute denken müssen, die das [sc. den Gottesdienst] noch brauchen als Zufluchtsort. Die können wir nicht vollkommen außer Acht lassen." Im Hintergrund scheint doch die Haltung zu stehen, dass diese Gruppe eigentlich eine aussterbende Minderheit in der Kirche ist. Der eigentliche evangelisch aufgeklärte Christ benötigt den Gottesdienst nicht mehr, weil er die religiöse Ebene überwunden hat. Wenn er einen Gottesdienst für richtig erachtet, dann ist es eine solche Veranstaltung, bei der nicht er den Gottesdienst nötig hat, sondern der Gottesdienst ihn nötig hat. Es ist eigentlich überflüssig, darauf hinzuweisen, dass diejenigen, die den Gottesdienst für Menschen halten, die ihn noch nötig haben, mit dieser Redeweise natürlich unausgesprochen davon ausgehen, dass sie selbst ihn nicht mehr nötig haben. Daraus resultiert auch eine gewisse Unlust, den Gottesdienst zu feiern, weil man ihn immer als Belastung oder Last empfindet. Es gab nicht wenige Äußerungen in der Osterzeit des Jahres 2020, bei der die Gemeindegeistlichen zum Ausdruck brachten, dass der Wegfall von Gottesdiensten eigentlich eher als eine Entlastung erlebt worden sei, „da man nun ganz für die Gemeinde da sein konnte." Dieses erinnert an die Ausbildung in den Predigerseminaren der 1970er Jahre. Dort wurden die Vikare angehalten, für die verschieden geprägten Gruppen innerhalb der Kirchengemeinde Andachten so zu konzipieren, dass sie gruppenkompatibel sein konnten. Ein nicht pietistisch geprägter Kandidat sollte eine Andacht oder eine Amtshandlung für eine pietistisch geprägte Familie oder einen Gebetskreis so halten können, dass diese ihn als eigentlich doch „gläubig" empfinden sollte.

6.11. Die ausgeloste Deutungshoheit

In der Welt der evangelischen Gottesdienste gibt es neben den offiziellen Perikopen- und Leseordnungen, den privaten Bibelleseplänen und der „Lectio continua" noch das Universum der „Losungen". Dabei geht es um mehr als um die Auswahl eines biblischen Leit-, Merk- und Erinnerungsspruches, der bei Taufen, Konfirmationen, Einführungen, Ordinationen und Jubiläen Menschen begleiten soll. Es ist auch anders als beim „Wochenspruch", der eine charakteristische Bibelstelle für das Proprium der Gottesdienste der Woche zur Verfügung stellt. Die Losungen gehen auf einen Brauch pietistischer Frömmigkeit zurück, bei der in einer Gebetssituation „gedäumelt" wird. Dabei wird ein Finger in die geschlossene Bibel gesteckt, der dann auf eine Bibelstelle zeigt. Diese Bibelstelle wird dann als direkte Antwort und Anweisung Gottes für eine oder mehrere Personen einer Gebetsgemeinschaft verstanden. Es gibt auch die Bezeichnung „Bibelstechen", bei der man mit einem Brieföffner oder einem anderen spitzen Gegenstand in die Bibel hineinfährt, um die aktuelle biblische Ansage Gottes zu ermitteln. Die „Losungen" entstanden im 18. Jahrhundert in der Herrnhuter Brüdergemeine und wurden als Parolen analog zum militärischen Bereich verstanden. *Nikolaus von Zinzendorf* gab zunächst Losungen nur für einen Tag aus. Seit 1731 wurden in einer Gebetsstunde die Verse für ein ganzes Jahr festgelegt. Im Leben der charismatischen Bewegungen, der Pfingstbewegung und des Evangelikalismus haben die Losungen bis heute eine große Bedeutung und sind über pietistische Strömungen auch in die Landeskirchen gelangt. Gegenwärtig wird aus einer Vorauswahl (!) von Bibelstellen aus dem Alten Testament für jeden Tag ein Bibelvers gelost, dazu wird von Mitarbeitern ein passender Text aus dem Neuen Testament ausgewählt und als so bezeichneter „Dritter Text" ein entsprechendes Lied oder Gebet hinzugefügt. Die „Jahreslosung" wird mittlerweile von einem ökumenisch zusammengesetzten Arbeitskreis ausgesucht. Die Verwendung der Losungen bei Sitzungen, Andachten, Kasualien, Telekonferenzen ist zu einem protestantischen Markenzeichen geworden. Auf ökumenischen Konferenzen wird die „Moravian Tradition" gern als eigenes evangelisches Traditionsbewusstsein mit Frömmigkeitscharakter dargestellt. Interessant ist, dass auch hier ein bestimmter Ritus Ausgangspunkt für ein hermeneutisches Modell ist. Die sonst homiletisch komplexe Frage, wie und warum welcher biblische Text in welcher Form in welchem Kontext und mit welchem Mandat Gottes dem zeitgenössischen Menschen angetragen werden kann, ist mit einer einfachen Antwort zufriedenstellend beantwortet. Durch den Ritus der Losung hat Gott einen besonderen Bibelvers ausgewählt, der an diesem Tag für alle, die ihn lesen und im Glauben annehmen, seine Bedeutung erweist. Ein geloster Bibelvers hat die Kraft, Wegweiser in den verschiedensten Situationen für verschiedene Menschen zu sein. Dementsprechend stellen sich viele Predigten, Auslegungen und Meditationen über Losungstexte die Aufgabe, nun herauszufinden und herauszuarbeiten, wie die jeweilige Losung „passt". Das Happy End, nämlich, dass die Losungen immer passen, ist vorgegeben. Auf dem Weg zu diesem Endergebnis findet die eigentliche theologische Auseinandersetzung statt, hier sind die Hörenden mitzunehmen. Mit diesem Auslegungsschema kann gedeutet, ermutigt, gemahnt, gestärkt und betroffen gemacht werden. Es kann sogar geschehen, dass, wenn die Losung doch einmal nicht passt, man mit einem Kichern die Losung vom Vortag nehmen kann, damit es wieder passt. Auch diejenigen, die mit der rituell-pietistischen Erstellung der Losungen vielleicht weniger anfangen können, greifen zum Losungsheft, weil sie damit ihre Verbundenheit mit der protestantischen Identität zeigen wollen und gleichzeitig zum Ausdruck bringen wollen, dass auch ihnen „die Bibel" etwas „bedeutet". Die Losungen sind somit auch unabhängig von ihrer Entstehung zum Identitätsbaustein evangelischer Kirchen geworden. Erstaunlich bleibt, dass Kirchen, die sich sonst als modern und aufgeklärt empfinden, die durch die historisch-kritische Schriftauslegung gegangen sind und die sich das „semper reformanda" auf ihre Fahnen geschrieben haben, gegen die „magisch" angehauchte „Gewinnung" der jährlichen Losungstexte offensichtlich nichts einzuwenden haben.

7. Verborgen (Die Erde des Weizenkornes)

7.1. Liturgische Subkulturen

Vielleicht ist es ja im gottesdienstlichen Bereich ähnlich wie bei gesellschaftlichen Fragen, nämlich, dass die Existenz einer außerparlamentarischen Position auf einen Mangel des Parlamentes hinweist und eine Kultur immer von Subkulturen ausbalanciert wird. Subkulturen sind im Positiven wie im Negativen lebendige Träger dessen, was in der Mehrheitskultur formal geblieben ist, eingeschlafen ist, nicht mehr zu Wort gekommen ist oder übersehen wurde. Schaut man auf die Kirchen in Deutschland, so kann man bei statistisch seit Jahrzehnten rückläufigen Gottesdienstbesucherzahlen auf eine große Anzahl von Gemeinden, Gemeinschaften und Gruppierungen blicken, die im gottesdienstlichen Leben aktiv bleiben und sich den Fragen des Gottesdienstes stellen.

Die römisch-katholische Kirche verzeichnet neben dem ordentlichen Gebrauch ihres Messbuches und den Arbeitsgruppen, die an diesem Novus-Ordo-Konzept arbeiten, die Bruderschaften, die dem außerordentlichen Ritus von 1962 folgen, dem sich auch manche Klöster wieder anschließen wollten oder angeschlossen haben. Daneben gibt es die Gemeinden, die einer katholisch ostkirchlichen Tradition folgen. Dazu gehören besonders ukrainische, syrische und syroindische Gemeinden. Um westlichen Christen einen gelebten Zugang zur östlichen Liturgietradition zu schaffen, pflegt die Benediktinerabtei Niederaltaich seit Jahrzehnten den byzantinischen Ritus.

7. Verborgen (Die Erde des Weizenkornes)

Das Collegium Orientale, das 1998 nach den Vorstellungen des Gründungsrektors Archimandrit *Andreas-Abraham Thiermeyer* entstand, ist ein Priesterseminar, in dem Studenten aus katholischen und orthodoxen Kirchen gemeinsam leben und an der Katholischen Universität Eichstätt studieren können. Es ist in der katholischen Welt einmalig und führte zu einer gelebten konfessionsübergreifenden Begegnung von westlichen und östlichen Theologien und gottesdienstlichen Lebensweisen. Um der Vollständigkeit willen sollte man noch darauf hinweisen, dass es in der römisch-katholischen Kirche noch zwei Gottesdiensttypen gibt, die dem römischen Typus gleichgestellt sind und die eigene Besonderheiten überliefern. Es ist zum einen der „Ambrosianische Ritus", der in Mailand und Umgebung sowie in Teilen der Schweiz in italienischer und lateinischer Sprache nach Messbüchern aus den Jahren 1976 und 1981 gefeiert wird. Und es gibt zum Zweiten den „Mozarabischen Ritus", der in der Kathedrale von Toledo und einigen Benediktinerklöstern in spanischer und lateinischer Sprache nach einem Messbuch aus dem Jahre 1991 gefeiert wird. Beide Riten sind nach den Vorstellungen des Zweiten Vatikanischen Konzils bearbeitet worden. Die jüngste außerordentliche Liturgie ist innerhalb der römisch-katholischen Kirche das „Book of Divine Worship", das für die von Benedikt XVI. seit 2009 errichteten Personalordinariate der „Anglicanorum Coetus" in England und in den USA in mehreren Ausgaben erschienen ist. Es wird als „Anglican catholic use of the Roman Rite" angesehen. Dieser scheint sich nicht nur durch Texte und Melodien aus dem anglikanischen Erbe, sondern nach Meinung von Beobachtern auch durch eine andere Grundhaltung auszuzeichnen, in der der Gottesdienst gefeiert wird. Er kennt wie die katholischen Ostkirchen nur die Feier „ad orientem". Die verschiedenen in der katholischen Kirche möglichen Gottesdienstformen haben die Gemeinsamkeit, dass sie als gleichwertige „Riten" in der Kirche beheimatet sind und das Zentrum des gottesdienstlichen Lebens darstellen. Trotzdem bleibt die Kirche als dogmatische, rechtliche und geistliche Größe den einzelnen „Riten" vorgeschaltet, die Gottesdienste sind Ausprägungen.

Der Mainstream-Gottesdienst der evangelischen Landeskirchen ist der sonntägliche Predigtgottesdienst, der nach regional unterschiedlichen Gepflogenheiten gefeiert wird. Die sogenannten „Abendmahlssonntage" sind die Ausnahme. Gottesdienstinstitute versorgen die Pfarrämter mit Texten, Anregungen und Lesepredigten. Zur Subkultur kann man nicht nur die Gottesdienste der liturgisch oder ökumenisch orientierten Gemeinschaften rechnen, sondern auch das mit fließenden Übergängen zu findende Andachtsleben der pietistischen Gruppierungen. Russlanddeutsche Aussiedler fühlen sich trotz einer evangelischen Identität in den landeskirchlichen Gottesdiensten nicht wohl und bilden eigene Gemeinden. Auf den Kirchentagen, zu Fernsehgottesdiensten oder bei besonderen Anlässen bringen die Werkstätten des „Neo-Usus" ihr ganzes Können zur Geltung.

Die Selbständige Evangelisch-Lutherische Kirche legte mit ihrer Agende von 1997 eine sprachlich überzeugende Weiterarbeit am landeskirchlichen Agendenwerk von 1969 vor. Die Altarausgabe ist zudem von der Ausstattung her auch optisch ansprechend. Dieser Entwurf geht nicht in die Fallen eines platten Modernismus und einer selbstdarstellerischen Verliebtheit.

Man hat bei fast allen evangelischen Kirchen den Eindruck, der Gottesdienst gilt als sekundärer variabler Ausdruck eines primären Bekenntnisses oder einer anders gelagerten kirchlichen Identität. Und wie es die Leuenberger Konkordie nahelegt, können die Übereinstimmung in der Verkündigung des Evangeliums und die gemeinsame Ansicht über die Rechtfertigungslehre höchst unterschiedliche und widersprüchliche Gottesdiensttheologien und -formen offensichtlich ertragen. Eine weitere

Unschärfe kommt hinzu. Man ist sich nicht einig, ob die Abendmahlsfeiern von Ordinierten, zeitlich Beauftragten oder charismatisch anders Qualifizierten geleitet werden können und ob die Übertragung der Leitung durch eine gottesdienstliche Handlung erfolgen muss oder ob dies einfach auch als Verwaltungsakt in schriftlicher Form erfolgen kann. Auch nach evangelischem Verständnis ist also der Gottesdienst ein „Ritus", welcher der kirchlichen Wirklichkeit nachgeordnet ist.

Andere, kleinere Kirchen setzen ihre eigenen Akzente. Die Altkatholiken in Deutschland, die zur Union von Utrecht gehören, legen vom deutschsprachigen „Altarbuch zur Feier der heiligen Eucharistie" von 1959 bis zu „Feier der Eucharistie" von 1995 einen ähnlichen Weg zurück wie die große römische Nachbarkirche. Sie beziehen bei den Eucharistiegebeten und im Festkalender Traditionen der anglikanischen Schwesterkirchen mit ein und bleiben vom Ritus und der Praxis des priesterlichen Betens versus populum dem römischen Novus Ordo ähnlich. Die „Nordisch-Katholische Kirche", die zur Union von Scranton gehört, bearbeitet in ihrem „Sakramentar" von 2020 ausgehend von altkatholischen Ansätzen eine frühe Form der Karthäusermesse und bezieht ostkirchliche Traditionen mit ein. Sie betet „ad orientem".

Die orthodoxen Kirchen feiern den byzantinischen Gottesdienst oder die orientalischen Liturgien in ihren national geprägten Formen, die sie vorsichtig für die deutsche Sprache öffnen. „Die Göttliche Liturgie unseres Heiligen Vaters Germanus von Paris" von 2011 ist ein in Deutschland gefeierter westlich-orthodoxer Ritus der „Église Orthodoxe Catholique de France". Die Ostkirchen pflegen eigentlich den Ansatz der „eucharistischen Ekklesiologie", gemäß dem die Feier der Liturgie der Kirchlichkeit vorgeschaltet ist, also das Gegenteil des westlichen Modells. Leider ist auch dieses Modell anfällig für die Überlagerung durch andere, zum Beispiel nationale Interessen.

Entscheidend bleibt, ob die Kirchen ihre Gottesdienste theozentrisch feiern. Das heißt, dass sie davon ausgehen, einem Gott zu begegnen, der im Gottesdienst erkennen lässt, dass er größer und mächtiger ist als die verschiedenen liturgischen Formen, mit denen Menschen ihm gegenübertreten. Oder, ob man merken kann, dass die Kirchen die Gottesdienste als vornehmlich anthropozentrische Feiern betrachten, bei denen es darum geht, theologische, konfessionelle und kommunikative Eigenarten mit dem Aufkleber Gottesdienst zu veredeln und sich so den Gottesdienst untertan machen zu können.

7.2. Liturgia abscondita

So unterschiedlich die christlichen Gottesdienste sein mögen, sie folgen eigentlich einem gemeinsamen Modell. Dieses Modell stellt zugleich die Einheit in der Verschiedenheit der Gottesdienste sicher. Dieses ist jedoch nicht einfach zu erheben. Es ist nicht ein rekonstruierbarer liturgischer Text oder Ritus, es ist kein theologisches Programm, dem man folgt, oder eine Ideensammlung, die man kognitiv oder emotional umsetzen muss. Das Phänomen der „Liturgia abscondita", der im Gottesdienst geheimnisvoll verborgenen Gottesgegenwart, wird vielleicht am besten beschrieben mit dem Wort des Apostels Paulus: „Denn ihr seid gestorben, und euer Leben ist verborgen mit Christus in Gott" (Kol 3, 3). Der Gottesdienst ist das Ergebnis einer Begegnung von zwei Dimensionen: Die Verborgenheit Gottes trifft auf ein sterbliches menschliches Leben.

Die Verborgenheit Gottes kann vom Menschen nicht entschlüsselt werden. Sie stellt klar, dass der Mensch im Gottesdienst nicht von sich aus eindringen kann in das göttliche Handeln. Es würde dem Gottesdienst eine blasphemische Dimension verleihen und dem Menschen zutiefst schaden, wollte er sich anmaßen, diese Verborgenheit zu entschleiern. Der Mensch kann noch nicht einmal feststellen, ob der verborgene Gott in der „Liturgia abscondita" handelt oder nicht. Er muss aber darum bitten und kann darauf vertrauen. Der im Gottesdienst wie abwesende Gott ist jedoch keine Schwäche, sondern eine Stärke, ein Schutz und eine Tragkraft. Wird die Wirklichkeit des verborgenen Gottes nicht mehr angenommen und nicht mehr gesucht, entfällt die Voraussetzung dafür, das zu erfahren, was man nicht verstehen kann.

Diese Verborgenheit Gottes begegnet nun dem Menschen. Der Mensch ist offensichtlich sterblich und fehlerhaft, aber er ist das Geschöpf des verborgenen Gottes. Der Mensch begegnet dem wie verborgenen Gott nicht irgendwie abstrakt, frei, metaphysisch oder in einer Gedankenwelt, sondern in seinen anthropologischen Strukturen. Diese Strukturen sind vorgeschaltete und entwickelte Rezeptoren, die als religiöse Sehnsucht und als Ahnung des Transzendenten bereits vorhanden sind. Als Beispiel könnte man anführen: Der Mensch, der einen gänzlich unbekannten Tanz lernen möchte, wird dabei feststellen, dass die Möglichkeiten zum Musikhören und zum Tanzen schon bei ihm angelegt sind. Weil er die anthropologischen Voraussetzungen dafür hat, kann er den besonderen Tanz lernen. Die Religiosität des Menschen ist sicherlich ambivalent einzuschätzen und vor Fehlern und Missbrauch nicht gefeit, sie muss aber nicht neu erfunden werden, damit der Mensch eine religiöse Begegnung erfahren kann.

Die Verborgenheit Gottes, die der anthropologischen „Empfängnisbereitschaft" begegnet, kann ein Offenbarungsgeschehen auslösen. Das wäre dann die „Liturgia revelata". Auch diese überspringt nicht die anthropologischen Bedingungen, sondern geschieht in und mit ihnen. Natürlich ist auch sie ambivalent einzuschätzen und vor Fehlern und Missbrauch nicht gefeit. Das Besondere an ihr ist eine theologisch neue Dimension.

7.2. Liturgia abscondita

Das Gleichnis Jesu vom neuen Wein, der nicht mehr in die alten Schläuche passt, sondern diese zerreißt, ist eine Aufforderung zu neuen Schläuchen, aber nicht dazu, die Schläuche generell als überflüssige äußere Form abzuschaffen (Mt 9, 17). Die protestantische Unterscheidung zwischen göttlichem Glaubensgrund und menschlicher irdischer Gestalt kann nicht einer beliebigen, vom Menschen machbaren verstehbaren Gestalt das Wort reden. Die Kunst, neue Schläuche herzustellen, geschieht vor dem Hintergrund der Erfahrung bei der Herstellung der alten Schläuche. Schläuche müssen für den neuen Wein passend hergestellt werden. Grund und Gestalt des Gottesdienstes sind sowohl durch die anthropologischen Voraussetzungen wie auch durch den neuen Inhalt qualifiziert.

Leider ist die einende „Liturgia abscondita" nicht nur aufgrund ihres eigenen Charakters schwierig zu erheben, sondern auch, weil sie verschüttet und vergraben ist unter jahrhundertelangen theologischen Streitigkeiten und Rechthabereien, unter der irdischen und geistlichen Machtgier konfessioneller Systeme, unter persönlicher Geltungssucht kirchlicher Amtsträger und den alltäglichen Schwächen der Gläubigen. Die „Liturgia abscondita" verleitet dazu, um sie selbst ein perfektes System von Mechanismen zu errichten, bei denen es nicht mehr um Gott als Hauptakteur des gottesdienstlichen Geschehens geht, sondern um eine religiös verbrämte kollektive oder individuelle Biografiearbeit der menschlichen Akteure. Es geht dann gar nicht um die Gottesbegegnung im Gottesdienst, sondern um die Verwendung der Welt des Gottesdienstes für eigene Zwecke. Die Biografiearbeit wird als Übersprunghandlung natürlich theologisch begründet und verteidigt. Man kann sogar andere in dieses Übersprungs-Setting leicht mit einbeziehen. Der eigentliche Charakter der Liturgie wird dann verzerrend bestimmt durch Text, Gestaltung und Gemeinschaftsgefühl und nicht, wie die orientalische Tradition überliefert: „Lob wird zur

Glut, Gesang wird zu Hymnus, Demut wird zum Abgrund, der sich mit dem himmlischen Leben füllt, das die Ewigkeit verheißt". (*Tyciak*, 70)

7.3. Aufklärung durch den Mythos

Der US-amerikanische Religionsphilosoph *Joseph Campbell* (1904–1987) fordert in seinen Werken eine neue Aufklärung durch nicht länger exorzisierte Mythen. Die Mythen sind ein eigenes hermeneutisches System, in dem Fühlen, Denken, Erleben und Handeln von archaischen Lebensmustern getragen werden. Dieses System ist aber nicht starr, sondern spielerisch und in der Lage, sich selbst zu überragen, sich zu wandeln und zu ändern. Mythen bewahren eine transzendente Kraft, die in denen lebt, die sich ihnen in tiefer Ehrfurcht nähern. Sie wollen nicht die Kraft der Natur erklären, beherrschen oder verhindern oder Götter magisch zwingen. Sie wollen nicht das Individuum für die Gruppe gefügig machen. Sie wollen das individuelle Bewusstsein lösen von den zufälligen Verkleidungen des Lebens und darauf verweisen, dass der Mensch mehr ist als sein Fühlen, Denken und seine Befähigung zur Intuition. Das Ziel ist auch nicht das Verstehen oder Erkennen, sondern das „Innewerden" mit dem Wesen der Welt. Das Individuum hat die Gesetze des Universums verloren, ist in ein selbstzerstörerisches Exil gegangen. Der Mythos verhilft ihm, wieder zur Identität in der Mitte des Sinns zu finden. Mythos und Ritual gehören zusammen, sie transportieren von außen, was sich von innen als archetypische Träume bemerkbar macht.

Campbell beobachtete, dass die Kirchen und Synagogen die Magie der Symbole verloren haben, die ihre Priester sonst verwahrt haben. Sie seien zu Vortragssälen geworden, wo sonntags Ethik, Politik und Soziologie mit einem charakteristischen theologischen Tremolo gepredigt werden. Das Drama der bewegten Ordnung mythischer Symbole haben sie verloren und damit deren Worte zu „Begriffsträgern" gemacht, die für ihre Zeit Sinn ergeben oder nicht. Die Synagogen und Kirchen haben den Irrtum begangen, zu erklären, was ihre Symbole „bedeuten". Es gehört aber zum Wesen eines Ritus, dass er jeden seinen eigenen Gedanken überlassen kann. Der „Affektwert" eines Ritus spricht für sich selbst und übersteigt auch das, was Theologie leisten kann. Der Journalist und Literaturkritiker *Ulrich Greiner* schreibt zur Dynamik des religiösen Ritus: „Dieses Geheimnis lässt sich kaum in die Alltagssprache übersetzen. Man kann es nur feiern, und dazu bedarf es der Liturgie, der Gesänge. Gebete. Anrufungen. Es bedarf einer Festlichkeit. In ihr treten die theologischen Streitfragen zurück, es gilt das Hier und Jetzt der fortwährenden Feier. Wenn es gutgeht, verschwinde ich als zweifelnder Mensch in der rituellen Handlung. Ich muss sie nicht befragen, weil ihre Dauer auch mich überdauern wird". (Greiner, 147)

7.4. Speicherort des religiösen Wissens

Das Ritual hat die Aufgabe, das Unerträgliche, Unsichere und Unvorhersehbare erträglich zu machen, denn es stellt bewährte Umgangsformen zur Verfügung für die Erfahrungen, mit denen man eigentlich nicht umgehen kann und darf. Es ist die „symbolische Transformation von Erfahrung". So formuliert es der Medien- und Kommunikationswissenschaftler *Norbert Bolz*. Er führt aus, dass von außen gesehen religiöse Zeremonien, Kulte und Rituale sperrig spröde und unmodern erscheinen. Es ist wie ein Handicap, das der Religion Glaubwürdigkeit und Aufmerksamkeit schenkt, es ist gerade nicht eingängig und verständlich, sondern schwer zu befolgen und absurd. Es kommuniziert das Teure und den Wert einer Religion. Von innen betrachtet, bietet das Ritual eine kollektive Darstellung und Transzendenzerfahrung genau da, wo die Worte versagen. „Riten sind die Praxis der Mystik". Der Ritus ist das Organ überindividueller Gestaltung. „Wer wissen will, was eine Gesellschaft im Innersten zusammenhält, muss ihre Kulte und Rituale beobachten" (Bolz, 120). Der Ritus versorgt uns mit dem „transzendenzverbürgend Unsagbaren", aber auch mit dem „überlebenswichtigen Nichtssagenden". Auch dem, der sich heute selbstverwirklichen will, dem werden im Spektrum der Beratungswelt konfektionierte Eigenformeln angeboten. Der Pseudoindividualist sehnt sich nach Angeboten von „Emotional Designs", die von Ritus-Beratern als Kommunikationsdesigns angeboten werden. *Norbert Bolz* erinnert dieses Phänomen an den von *Freud* beschriebenen Individualmythos des Neurotikers (Bolz, 119–123).

Manche orthodoxen Theologen werfen den westlichen Kirchen vor, sie hätten aus dem Glauben ein Zustimmungssystem zu dogmatischen Wahrheiten (Body of Knowledge) gemacht, während es in Wirklichkeit um ein Nachfolgen auf dem Weg des Lebens (Way of Life) gehe. Der Kommentar von *Norbert Bolz* dazu wäre: „Der gewusste Gott ist ein Götze, und das Wissen von der christlichen Wahrheit ist Unwahrheit. Die Offenheit zur Transzendenz setzt gerade voraus, dass man Gott nicht weiß. Den Gott des Christentums kann man nicht beobachten, sondern nur lieben. Zu jeder Beobachtung gehört nämlich Distanz, während die religiöse Erfahrung der Gottesnähe gerade dadurch gekennzeichnet ist, dass sie den Gläubigen verwandelt." (Bolz, 90f.)

7.5. Die Religion der Seele

Nach Ansicht des US-amerikanischen Psychotherapeuten und Theologen *Thomas Moore* ist der Mensch instinktiv religiös Es hat sozusagen einen natürlichen religiösen Scanner, mit dem er an den Gottesdienst herantritt. Wenn es ihm schwergemacht wird, der traditionellen Religiosität mit seinem Instinkt zu folgen, wendet er sich diesem Instinkt folgend säkularen Formen zu, um dort das zu suchen, was ihm im christlichen Gottesdienst verwehrt wurde. So fühlt sich phänomenologisch betrachtet der säkular religiöse Mensch, der vormals am Altar zur Gemeinschaft der Heiligen erhoben wurde, heute vor dem Fernsehschirm in die Welt der Celebrities aufgenommen. Die Kategorie der Verehrung bewirkt zugleich eine Nähe zum Verehrten. Diese Verehrung ist zugleich der Ort, an dem Sinnlichkeit und Emotionalität mit dem Intellekt verschmelzen. Der sinnliche Traum der Seele sucht nach ästhetischen Komponenten, die diese zu einer Heimat führen können. Das, was dem Menschen im Mysterium gezeigt wird, führt zu seiner eigentlichen Identität. Das sind die Reste einer Naturreligion, die auch außerhalb einer religiösen Institution funktionieren. So wie Pianisten wissen, dass ihre Finger eine eigene Intelligenz haben, so erkennt die Seele, dass heilige Überlieferungen, Bilder und Rituale ihre eigene intelligente Geschichte erzählen. Sie entdeckt auch, dass das Mysterium, das wir im Äußeren suchen, identisch ist mit dem Mysterium dessen, was wir sind. Säkularismus kann definiert werden als ein Leben ohne Opfer. Das Streben nach Verständnis und Kontrolle möchte das Leben vorhersehbar und sicher machen. Bleibt etwas unbewiesen, denkt der säkulare Mensch, er hätte versagt. Kirchen, die eine transzendente Vision des Lebens verloren haben und sich in Dogmatismus und Zugehörigkeitsfragen verstricken, bringen damit nur einen schädlichen Narzissmus zum Ausdruck. Die

Antwort auf das Böse ist die Religion, und ihr ästhetischer Ausdruck soll der Seele eine Zuflucht bieten. Es wäre ein Missverständnis, wenn die Definitionen der dogmatischen Traditionen verlangen würden, dass alle Christen, besonders ihre Priester, zuerst Spezialisten in einer besonderen Form des Denkens sein sollten und nicht die Tradenten religiöser Erfahrung. Dann würde Ideologie den Glauben ersetzen und Formen religiöser Autorität die Vision. Gottesdienst ist die archetypische Versammlung der Menschen in der Kategorie der Gegenwart Gottes. Nur diese verwandelt die Menschen mit ihren Visionen. Nur die archetypische Kirche kann in aller Unvollkommenheit die Erfahrung der Inkarnation weitergeben.

7.6. Überwältigung

Der christliche Gottesdienst bringt eine auf vielen Ebenen spürbare bipolare Ausprägung zur Geltung. Dies mag eine Konsequenz daraus sein, dass er zugleich als ganz menschlich und ganz göttlich erlebt und verstanden werden kann. Es sind immer zwei Pole in einer besonderen Dialektik vorhanden und Einseitigkeiten weisen auch immer auf die andere Seite hin, ob sie wollen oder nicht. Auch historische Reformansätze, die begründet sein mögen, tragen Spuren dessen an sich, was sie nicht wollen, und weisen auf das hin, was sie zu verschweigen suchen. Beide Pole bedingen sich gegenseitig und pendeln sich aus.

Der Gottesdienst ist immer zugleich Gottesdienst des einzelnen Christen wie der gesamten Kirche. Raum und Kontext, in dem Einzelne leben, werden eingefügt in gesamtkirchliche Kontexte, die Raum und Zeit übersteigen. Selbst im ganz privaten Gebet ist der Einzelne von der Gebetstradition der gesamten Kirche getragen.

7.6. Überwältigung

Der Gottesdienst wird immer zugleich in der Kirchensprache und in der Muttersprache gefeiert. Die Kirchensprache mag Latein, Kirchenslawisch, Lutherdeutsch oder „Charismatiker-Barock" sein. Gebetssprache bewegt sich immer in einer Spannung zwischen dem Aussagbaren und dem Nichtaussagbaren, zwischen der Sprache der Engel und Vollendeten und der Sprache der irdischen Gemeinde. Zwischen der kaum zu entschlüsselnden Zungenrede des Heiligen Geistes und der vertrauten Muttersprache soll das stammelnd zum Ausdruck gebracht werden, was eigentlich nicht gesagt werden kann.

Fürbitten sind immer ganz aktuell und neu formuliert, obwohl sie alle schon als Formulierungen vorhanden sind. Aktuell formulierte Texte als besser gegenüber den bereits in den Gottesdienstordnungen formulierten auszuweisen, ist Spiegelfechterei. Auch die vorformulierten müssen aktuell gebetet werden.

Gebete, die wiederholt werden, stehen nicht im Widerspruch zu denen, die nur einmal gebetet werden. Das wiederholende Gebet ist das einmalige und das einmalige ist das wiederholende. Im Vaterunser sind schon alle Gebete gebetet worden, und darum beten wir es täglich neu.

Die Schönheit des christlichen Gottesdienstes ist nicht triumphalistisch misszuverstehen, als wolle sie die hässlichen Seiten des menschlichen Lebens verächtlich ausblenden. Der Gottesdienst muss daher auch nicht vorsätzlich grässlich und hässlich gestaltet werden, um mit Leid und Sünde im wirklichen Leben anzukommen. Die Schönheit des Gottesdienstes ist eschatologisch und kann auch im einfachsten und ärmlichsten Gottesdienst aufleuchten, und der mit allen Kniffen und Emotionals gestaltete Gottesdienst kann Ärmlichkeit ausstrahlen.

Einzelne Elemente des eucharistischen Gottesdienstes folgen einer ihm innewohnenden geistlichen Ordnung und sind vom Zusammenhang her zu verstehen, und darum haftet auch jedem einzelnen Element das Charakteristikum aller anderen

7. Verborgen (Die Erde des Weizenkornes)

Elemente an. Anamnese, Epiklese, Offertorium und Doxologie sind nicht nur einzelne, aufeinander folgende Elemente des Gottesdienstes, sondern sind eigentlich Kennzeichen des gesamten Gottesdienstes. Jedes einzelne Element trägt die Charakterzüge des ganzen Gottesdienstes in sich und weist auf sie hin. Deshalb dürfen die einzelnen Elemente auch nicht gegeneinander ausgespielt werden.

So ist es auch bei der Auslegung der Heiligen Schrift. Jede einzelne Perikope, möge sie auch in völlig unterschiedlichen Kontexten und von den verschiedensten Autoren und Bearbeitern aufgezeichnet sein, enthält in der Verkündigung das ganze Evangelium.

Von einem solchen Verständnis her könnten die konfessionellen Engführungen des Gottesdienstes, die einzelne Elemente kontrovers verabsolutieren und gegen andere ausspielen, überwunden werden.

So verstanden muss etwa ein freikirchlicher Gottesdienst mit Betonung auf der Überwältigung der Gläubigen durch das Wort Gottes nicht kontrovers gesehen werden gegenüber einer katholischen Opfermesse, die die Überwältigung im Wandlungsgeschehen der Eucharistie betont. Im klassischen Ansatz der östlichen Tradition geht es im Gottesdienst immer zugleich um die Wandlung der Herzen der Einzelnen, die Wandlung der Gaben von Brot und Wein, die Wandlung der gottesdienstlichen Gemeinde und die Verklärung der Welt und des Kosmos.

Die Überwältigung der Gläubigen im Gottesdienst ist allerdings ein gnadenhaftes Geschehen und damit ein Geschenk. Alle Christen in den unterschiedlichen Denominationen hoffen darauf und leben davon, im Gottesdienst berührt und überwältigt zu werden. Dabei können die Akzente unterschiedlich ausgeprägt sein. Katholiken wollen vom sakramentalen, gemeinschaftlichen Geschehen überwältigt werden, bei dem die Gegenwart Gottes hinter der Opfer- und Wandlungssymbolik wirksam wird. Orthodoxe suchen die Nähe Gottes, wenn sie in der Liturgie hinzutreten zu der eschatologischen ikonischen Vision der Erlösung des Kosmos. Evangelische suchen in von Menschen ausgelegten biblischen Abschnitten das verborgene Wort Gottes, das sie ins Herz trifft. Allerdings kann die Erfüllung der Sehnsucht nur als ein Geschenk geschehen, das erbeten werden kann. Man kann dieses Geschenk nicht erzwingen, es zur Methode machen oder gar vermarkten. Für alle Kirchen gilt, was Johannes der Täufer zu den Jüngern Jesu sagt: „Ein Mensch kann nichts nehmen, wenn es ihm nicht vom Himmel gegeben ist." (Joh 3, 27)

Bei manchen evangelikalen gottesdienstlichen Versammlungen, so auch bei TV-evangelistischen Übertragungen, begegnet man einem Aufeinandertreffen von verschiedenen Verständnisebenen. Diese sind vielleicht ursprünglich als Konzentrationen des christlichen Glaubens aus reformatorischer Tradition gemeint, erweisen sich bei näherem Hinsehen aber eher als plakative vereinfachende Elemente. Die Autorität der Bibel als Gotteswort wird mit Hilfe des Konzeptes der Verbalinspiration bis in den Wortlaut einzelner Verse angesehen. Biblische Texte werden im Rahmen der evangelikalen Theologie in einer Art Kompilation auf das Leben übertragen. Das gegenwärtige Weltgeschehen und das Leben des Einzelnen werden dramatisiert und zugespitzt auf die Macht der Sünde und auf die Hoffnung der Erlösung durch die Liebe Gottes. Um „gerettet" zu werden, bedarf es der Abkehr von der Sünde und der persönlichen Annahme der Erlösung durch Jesus Christus in einer Art Basisbekenntnis. Dieses führt dann zu einer Erleichterung und Freude darüber, sich nun neu als Kind Gottes verstehen zu dürfen. Damit hat man anscheinend auch eine ausreichende ekklesiologische Basis für das weitere Glaubensleben gefunden. Kirche ist die Gemeinde der Bekehrten. Bei Fragen, die die sakramenta-

7. Verborgen (Die Erde des Weizenkornes)

len Traditionen betreffen, gehen die verschiedenen evangelikalen Zweige unterschiedliche Wege.

Die Gottesdienstformen haben sich bewusst weit von traditionellen Strukturen entfernt und gehen eigene als neu und frisch angesehene Wege. Emotionale Lieder, biblische Lesungen und Auslegungen, persönliche Bekenntnisse, das Hineintragen von persönlichen Sorgen und Zeugnissen, Elemente des als spontan und frei empfundenen Gebetes, die persönliche Begrüßung und Wahrnehmung jedes Einzelnen prägen die gottesdienstliche Versammlung. Während der Predigt, die vom Prediger in einem betont lockeren Talk-Modus dargeboten wird, korrespondiert die Gemeinde mit affirmativen Bestätigungsrufen und wird auf die Dynamik des Gottesdienstes eingeschworen. Der Höhepunkt des Gottesdienstes ist die Bekehrung, die Bestätigung der Bekehrung und der hochemotionale Vollzug der Glaubenshingabe.

Wie alle Gottesdienste scheint ein solches Konzept auch anfällig für Fehlformen und Manipulationen zu sein. Hier wäre das Missverständnis, man könne mit einem Mix von biblischer Autorität, eventuell sogar tendenziösen politischen Ansichten und emotionaler Regie Menschen mit einem Bekehrungsautomatismus gewinnen. Das durch Spenden finanzierte Missionszelt würde dann zu einer Bekehrungsmaschine werden. Wird dann das Zelt andernorts aufgestellt, verblassen die Bekehrungen nach einiger Zeit und werden vielleicht sogar wieder neu gesucht.

Jeder christliche Gottesdienst ist also ein Ausdruck der Einheit, die ja von Gott her gewollt und verheißen ist. In jedem Gottesdienst gibt es das Gebet um das, was nicht da ist, das aber zugleich verbunden ist mit dem gegenwärtigen Feiern dessen, was verheißen ist. Bitten, Verheißung und Erfüllung bilden eine Einheit. Die Gemeinde wird zu dem, was sie empfängt, und bittet zugleich darum, dass sie es empfangen kann. Dies kommt schön zum Ausdruck in dem auf den Heiligen Augustinus zurückgehenden Wort: „Empfangt, was ihr seid, und werdet, was ihr empfangt: Leib Christi".

7.7. Liturgie der Seele

Es gibt eine durch die eucharistische Tradition vorhandene verborgene geistliche Grundgestalt des Gottesdienstes, die „Liturgia abscondita", die einen Offenbarungscharakter an sich trägt und Offenbarungsschritten begegnet. Diese Grundgestalt kommt in variablen Formen zum Ausdruck und übersteigt als gemeinsam vorhandene geistliche Ausprägung die konfessionell verschiedenen Traditionen.

Jeder Gottesdienst ist: Versammlung im Namen Jesu oder des Dreieinigen Gottes. Er feiert das Gedächtnis der Heilstaten Gottes (Anamnese) und er ruft die Kraft des Heiligen Geistes an (Epiklese), er ist von Gebet und Lobpreis durchzogen, er ist ein Hinzutreten zu Gott mit der Erkenntnis der eigenen Sünden, er ist Darbringung und Hingabe des Lebens an Gott, er feiert die Gegenwart Gottes in der Gemeinschaft des Leibes Christi, die in den Gaben des Mahles ausgeteilt wird, er verkündet die Vergebung der Sünden und die Nähe Gottes. Er betet die biblischen Gebete, er entfaltet die aufeinander abgestimmten Lesungen des Alten Testamentes, der Evangelien und anderen Schriften des Neuen Testamentes. Er sammelt ein Opfer für die Armen und Schwachen. Er ist Danksagung und Bekenntnis und entlässt mit einem Segen.

Diese „Liturgia abscondita" hat die Kraft, als Offenbarungsgeschehen die zwischenkirchlichen und innerkirchlichen Streitereien zu absorbieren, zu entlarven und ins rechte Lot zu bringen, seien sie noch so theologisch berechtigt oder lächerlich.

7. Verborgen (Die Erde des Weizenkornes)

Die im Unterbewussten vorhandene Empfängnisfähigkeit der Seele kann sich von Natur aus mit der sich offenbarenden eschatologischen Dimension des Gottesdienstes vereinigen. Dies ist das verborgene Fundament, auf dem das Gebäude des öffentlichen Gottesdienstes errichtet wird.

Die „Liturgia abscondita" ist die Ebene jedes Gottesdienstes, die eben nicht kirchenpolitisch und ideologisch gesteuert kann, sondern instinktiv vorhanden ist. All das, was verschüttet, zerstört, uminterpretiert und verdreht ist, alles, was gesagt wird und nicht gesagt werden soll, ist nur eine Ebene, die nicht bis in die Tiefen des gottesdienstlichen Geheimnisses dringt. Auch das, was sündhaft in der komplizierten Verstrickung von Geschichte und in der Gegenwart in die Gottesdienste hineingetragen wird, kann dieses Geheimnis nicht zerstören.

Diese Tiefen ergründen aber der religiöse Instinkt und die geistliche Seele, die davon leben möchte, dass Gott sich in den Tiefen zu erkennen gibt.

Bei einem solchen Ansatz wird eine andere Verortung sowohl zwischenkirchlicher wie innerkirchlicher Konflikte deutlich. Es geht nicht mehr um theologisch begründete oder behauptete Reformen, wie der Gottesdienst zu erneuern oder zu gestalten ist. Es geht auch nicht um eine textlich komparative oder ökumenisch synoptische Liturgiewissenschaft. Vielmehr geht darum, wie weit der christliche Gottesdienst kultaffin für die Seele und den Instinkt des Menschen bleibt und damit die inkarnatorische Anschlussfähigkeit des christologischen Kultes behält. Gottesdienst wird als Ergebnis einer Begegnung christlicher Verkündigung oder christlicher Überlieferung mit der Seele der Gläubigen angesehen. Dies trifft sich mit den Vorstellungen der orthodoxen Tradition einer Symphonie, bei der es nicht nur um ein sozialethisches Konzept geht, sondern darüber hinaus um einen Einklang zwischen Gottesdienst und der Seele des Volkes.

7.7. Liturgie der Seele

Um es provozierend auf den Punkt zu bringen, sei ein Beispiel gewagt. Der evangelische Abendmahlsgottesdienst darf keine katholische Opfermesse sein und er wird von einem evangelischen Pfarrer geleitet, der kein Priester sein darf. Reformatorische Kritik hatte theologische und liturgische Veränderungen am Gottesdienst vorgenommen, die sich bis heute durchgehalten haben. Trotzdem berühren diese Veränderungen nur obere Schichten des Gottesdienstes. In der Tiefenschicht bleibt auch der evangelische Gottesdienst die westliche Opfermesse.

Der Hamburger Theologe *Helmut Echternach* (1907–1988) bemerkt dazu, dass die evangelische Gemeinde instinktiv in ihrem Pfarrer mehr erkannt und erwartet habe, als dieser vorgab, sein zu wollen. „Der evangelische Pfarrer hat sich, wie Hans Asmussen einmal sagte, 400 Jahre lang hindurch bemüht, der Welt einzureden, er sei nichts Besonderes – aber die Gemeinde hat es ihm nie ganz abgenommen. Sie weiß mehr! Denn sie braucht mehr! Sie braucht mehr als den ‚religiösen Virtuosen' Schleiermachers, mehr als den glänzenden Kanzelredner, mehr als den vielbeschäftigten Manager, mehr als den glänzenden Organisator. Täuschen wir uns nicht!" (Echternach, Segnende Kirche, 204)

Um die vehemente protestantische Abwehrhaltung gegenüber einer priesterlichen Definition des geistlichen Amtes besser zu verstehen, könnte eine Äußerung von *Friedrich Nietzsche* (1844–1900) hilfreich sein: „Man soll die Aufklärung ins Volk treiben, dass die Priester alle mit schlechtem Gewissen Priester werden ..." (nach Horkheimer und Adorno, 50f.) Der Begriff „Priester" steht hier für die rückwärtsgewandte voraufgeklärte antimoderne Welt. Dieses ist mit dem Selbstbild des modernen evangelischen Geistlichen natürlich unvereinbar.

Wenn die Rezeption des Gottesdienstes mehr durch die Seele des Menschen und dessen Instinkte erfolgt als durch theologische Postulate, kann man die Bemerkung des lutherischen

Pfarrers *Dietrich Aust* (1940-2016) verstehen, dass auch die Seele des evangelischen Kirchenvolkes katholisch sei, dieses Kirchenvolk aber zutiefst erschrecke, wenn es das merke. Dies mag sowohl einen Teil des evangelischen „Abendmahlsparadoxes" erklären wie auch die hohe Emotionalität beim Umgang mit Fragen des Gottesdienstes. Die Liturgie der Seele hat sozusagen auch einen „Usus elenchticus", einen entlarvenden und überführenden Charakter.

Ein von den Gottesdiensten der nordamerikanischen Kirchen enttäuschter Psychologe stellte in einer Diskussion fest: „Sie verwechseln Ross und Reiter." Nicht der Reiter trägt das Pferd, sondern es bleibt umgekehrt. Es hilft auch nicht, wenn der Reiter das Pferd neu erfindet oder seine Beziehung zum Pferd neu definiert. Es führt auch nicht weiter, wenn sich der Reiter umgekehrt in den Sattel setzt und sich als Liebling des Publikums sieht. Die Kunst des Reitens lebt davon, dass Ross und Reiter zu einer Einheit verschmelzen, sich intuitiv aufeinander einstellen, verlassen und ihre Aufgaben erfüllen. Das Ross kann auch ohne den abgeworfenen oder abgestiegenen Reiter weiter galoppieren. Nur wenn der Reiter bereit ist, mit dem Ross zu verschmelzen, kann er es als Reittier nutzen.

8. Eucharistie in der Katakombe

8.1. Die verfolgte Eucharistie

Der orthodoxe Theologe *Alexander Schmemann* (1921–1983), der als beliebter und prominenter Lehrer und geistlicher Vater am „St. Vladimir's Orthodox Seminary" bei New York mehrere Generationen von Studenten geprägt hat, war zu einer Gallionsfigur der eucharistischen Erneuerung in der Orthodoxie in Nordamerika geworden. Auf Vortragsreisen und in seinen mittlerweile als Standardwerke angesehenen Büchern fokussierte er das orthodoxe kirchliche Leben auf die genuine Feier der Eucharistie und der daraus erwachsenen Spiritualität. Er übernahm auch Aufgaben in Kommissionen der „Orthodox Church in America". Für ihn war die Eucharistie das „Sakrament des Reiches Gottes", das die eschatologische Schönheit in der Welt und die Ewigkeit in der Zeit enthüllt. Demgegenüber habe die Kirche seiner Zeit die Freude an der Eucharistie verloren. Gemeint ist allerdings nicht die irdische Freude, sondern die göttliche Freude, wie sie in Joh 16, 22 als nicht verlierbar beschrieben wird. Die Unfähigkeit, das Transzendente und Immanente des Christentums eschatologisch ineinander anzunehmen, habe zum Ausfall des Jenseitigen und des Diesseitigen in der Welt der Kirchen geführt und zu einer Schizophrenie, die mit einer Menge von Erklärungen kaschiert werde.

Im letzten Jahr seiner Tätigkeit, nachdem er auch die Erfahrung gemacht hatte, dass er für die „waltenden Mächte" seines kirchlichen Milieus zu unbequem geworden war und man ihn in Kommissionen nicht mehr haben wollte, fand *Alexander Schmemann* den Schlüssel zu seinem Leben: „Mir wurde plötzlich klar, dass letztlich tief innen in unserer Kirche ein dämonischer Kampf gegen die Eucharistie im Gange ist, und das nicht zufällig! Wenn die Eucharistie nicht in den eigentlichen Mittelpunkt gestellt wird, ist die Kirche nur ein ‚religiöses Phänomen', nicht aber die Kirche Christi, ‚Pfeiler und Bollwerk der Wahrheit' (1. Tim 3, 15). Die ganze Kirchengeschichte ist von frommen Versuchen gezeichnet, die Eucharistie herabzusetzen, sie ‚harmlos' zu machen, sie in Frömmigkeit aufzulösen, sie auf Fasten und Vorbereitung zu beschränken, sie von der Kirche (Ekklesiologie), von der Welt (Kosmologie, Geschichte) und vom Gottesreich (Eschatologie) loszureißen. Es wurde mir klar: Wenn ich eine Berufung habe, dann hier, im Kampf gegen diese Verkürzung, gegen die Entkirchlichung der Kirche – wie sie durch Klerikalisierung einerseits und Verweltlichung andererseits geschehen ist." (Aufzeichnungen, 442f.)

Schmemann nennt dieses den „eucharistischen Kompromiss". Man will und kann auf die Eucharistie nicht verzichten, sie darf allerdings auch nicht das sein, was sie eigentlich ist, weil sie sonst das Leben des kirchlichen Milieus stören würde. Es geht also um die Zähmung der Gefährlichkeit der Eucharistie. Diese Zähmung kann sich theologisch oder human geben und pädagogisch, soziologisch, psychologisch argumentieren. Die „Dompteure" können mit all ihrer Profilierungskunst daran arbeiten und die Liturgie in besondere Gehege einsperren. Sie können leider – oder eigentlich zum Glück – nicht verhindern, dass es in der Eucharistie nicht um sie und das Milieu geht, sondern um ein Offenbarungsgeschehen in der Feier der verhüllten Gegenwart des Dreieinigen Gottes. Dieser „eucharistische Kompromiss", festgestellt für die Kirche der eucharistischen Ekklesiologie, findet seine Entsprechung im „protestantischen Abendmahlsparadox" und in der Widersprüchlichkeit des katholischen Novus Ordo. Die Verfechter des Kompromisses zeichnen sich durch eine hohe Aggressivität und Ideologisierung aus. Sie haben Angst, entlarvt zu werden in ihren Absichten, Plänen und Haltungen. Auf sie trifft zu, was die „Weherufe" Jesu anklagen. „Wehe euch, Schriftgelehrte und Pharisäer, ihr Heuchler, die ihr das Himmelreich zuschließt vor den Menschen! Ihr geht nicht hinein, und die hineinwollen, lasst ihr nicht hineingehen" (Mt 23, 13).

8.2. Die Automatismen von Segen und Fluch

Der Gottesdienst ist kein neutrales Gebiet, auf dem man ungehindert tun und lassen kann, was man möchte, ohne dass es gravierende Folgen hat. Er ist keine Kulturveranstaltung, die, wenn sie misslingt, ein paar negative Kritiken erntet, den Ärger des Publikums auslöst, das Ensemble spaltet und im schlimmsten Falle zur Schließung der Kulturinstitution führt. Er ist eher wie ein Hochsicherheitslabor, in dem man mit gefährlichen Substanzen umgeht. Eine Nachlässigkeit bei der Schutzkleidung oder in der Laborausstattung, ein unachtsamer Umgang mit der Anwesenheit der Substanz können zu destruktiven Folgen für die Menschen innerhalb und außerhalb des Labors führen. Der Gottesdienst steht im Spannungsfeld von Segen und Fluch. Dies ist mehr als eine sozialpsychologische Bestimmtheit. Der lutherische Theologe *Helmut Echternach* weist darauf hin, dass in den biblischen Sprachen „Segnen" und „Anbeten" dasselbe Wort ist. Der Segen vollzieht sich in Form eines Gebetes und ist „die göttliche Gegengabe auf das Lobgebet der Gemeinde". Er führt zu einer theozentrischen Ausrichtung, die im Tiefsten der menschlichen Natur angelegt ist, und zielt darauf, dass das Lobgebet der Gemeinde immer reiner wird und der Mensch dem begegnet, auf den hin er wesenhaft ausgerichtet ist. Der Segen erstreckt sich gestaltend in alle Dimensionen des Lebens. Verliert der Mensch seine transzendente Ausrichtung und betet er den Segen nicht mehr, so verabsolutieren sich die „Werte", denen er dann folgt, zu Götzen. Diese weisen zwar noch auf das transzendente Uranliegen des Segens hin, sind aber gegeneinander ausgerichtet und führen zu einer destruktiven Nichtigkeit. Der „Fluch" ist das negative Komplement des Segens. Er ist da, wo nicht „wirklich" angebetet und gesegnet wird. Zwischen Fluch und Segen gibt es keine wertneutrale Mitte. Wer nicht anbetend Gott segnet, sondern einem anderen neuen oder alten Götzen dient, der ist in der Gewalt des aggressiven zerstörenden Nichts (nihil negativum), er unterliegt den Dämonien der Eigengesetzlichkeiten.

Segen und Fluch sind nun aber bis zur Unkenntlichkeit ineinander verwoben. Dies kommt auch in der doppelten Bedeutung des lateinischen Wortes „sacer" zum Ausdruck, das mit „heilig" oder „verflucht" übersetzt werden kann. Der einmal empfangene Segen bleibt unwiderruflich. Die biblischen Überlieferungen berichten, dass man ihn sich erschleichen oder ihn verspielen und ignorieren kann, er aber in seiner Macht bestehen bleibt. Dies drückt sich dann darin aus, dass es den Menschen in die Fremde seines Selbst jagt. Auch der ungetreue Priester kann segnen, sein Segen ist allerdings verflucht. Daher muss der Segen stets neu gesegnet werden, das Lobgebet stets neu vollzogen werden. Der Segen Gottes ist nicht verfügbar, aber wirksam, wenn man ihn empfängt. Segen ist Gabe und Aufgabe. Er entspringt und mündet in der Gottesverehrung, darum muss der ganze Wille des Gesegneten darum bemüht sein. Sonst verdirbt er und wird zum mörderischen Gift. Letztlich kommen sogar in den Geschehnissen des Karfreitags die Verwobenheit von Fluch und Gericht wie auch die Überlegenheit der Heilsmacht des Segens zum Ausdruck. Im Raum der Kirche, besonders bei der Feier des Gottesdienstes, „bewegen wir uns stets auf der haarscharfen Grenze zwischen der himmlischen und höllischen Realität." (Echternach, Segnende Kirche, 81) So kann der in den Fluch gestolperte Gottesdienst zu einer faktischen Selbstexkommunikation der Gemeinde führen. Die sogenannte „Unkirchlichkeit" kann man sogar als Sehnsucht nach dem gesegneten Segen lesen.

Für *Helmut Echternach* kommt die Wahrheit des Evangeliums im gebeteten christlichen Gottesdienst in seiner tiefsten Form ans Licht. Der Ritus verhüllt und enthüllt die Gottesgegenwart im christlichen Glauben. Wenn man vorsätzlich falsch oder blasphemisch mit dem gebeteten Gottesdienst, dem Ritus, umgeht, setzt man die zerstörerische Macht der Götzenriten in Kraft. Geistesgeschichtliche Kontroversen bleiben nie akademisch distanziert, abgewogen und wertneutral, sondern enthüllen ihre Macht in den Riten. Terroristische Anschläge sind nicht bedauerliche Ausprägungen einer irregeleiteten Geisteshaltung, sondern ritueller, kultisch vollzogener und inszenierter Ausdruck des zerstörerischen Nichts. Gerade der christliche Gottesdienst ist anfällig für blasphemisierende Bedrohungen, die ungeahnte Wirkungen entfalten. „Alle Irrlehren der Kirchengeschichte wie der antichristliche Hass der Neuzeit stammen nicht aus Überlegungen und Gründen der Vernunft, sondern aus der tiefst verborgenen Qual derer, die unter dem Fluch des unwürdigen Sakramentsgenusses und des zu Unrecht empfangenen oder auch des verfluchten Segens stehen." (Echternach, Segnende Kirche, 81) Im Lukasevangelium kündigt Jesus als Folge seines Kommens und seines zu erwartenden Kreuzestodes eine Entzweiung sogar in der engsten menschlichen Gemeinschaft, der Familie, an (Lk 12, 49–53). Es ist eine Entzweiung, die nicht nur außerhalb der Kirche, sondern gerade in ihr Wirklichkeit wird, auch wenn es scheint, dass das kirchliche Milieu davon unberührt bleibt.

8.3. Symbol und Diabol

Weil der Gottesdienst ganz göttliches und ganz menschliches Geschehen ist, bedient er sich der Ausdrucksform des Symbols. Die Grundvollzüge des menschlichen Lebens werden exemplarisch dargestellt und in Übereinstimmung mit der göttlichen Wirklichkeit gebracht. Der Gottesdienst ist als Gesamt wie auch in seinen Einzelteilen Symbol, also das Zusammenfallen von irdischer und göttlicher Wirklichkeit. Wo göttliche Wirklichkeit und menschliche Darbringung nicht übereinstimmen können oder sollen, fallen sie auseinander und werden zum Diabol. Das Diabol aber verwirrt und entkräftet die Macht des Symbols. Die Ausdrucksformen des Symbols sind Zeit, Ort, Musik, Sprache, Gestik, Bild. Sie werden eingebunden, genau wie die Elemente Dunkelheit, Licht, Brot, Wein, Wasser, Weg, Haus und Öl. Der gottesdienstliche Ritus selbst ist Symbol. Symbole sind nicht machbar, sondern sie sind in der Religionsgeschichte, in der Geschichte der Seele als anthropologisches Ergebnis vorhanden und beheimatet.

Es gibt zwei beliebte Verkürzungen des Umgangs mit Symbolen. Die erste ist die Ansicht, das Symbol sei ein Mittel von Kommunikation und Kommunion. Man könne es einbringen und machen, um etwas Beabsichtigtes tiefer und wirksamer zum Ausdruck zu bringen. Ganze Symbolwerkstätten entstehen in der Filmindustrie, bei der man von Kinderfilmen bis zu Science Fiction Symbolwelten erfindet und einsetzt. Auch „gestaltete Gottesdienste" setzen gern etwas „symbolisch" ein. Mehr Kerzen oder Teelichter anzünden soll mehr Feierlichkeit bringen. Plakate sollen Anliegen zum Ausdruck bringen. Zur Gabenbereitung wird auch ein Eimer mit verunreinigtem Wasser getragen, um auf eine Not in der Dritten Welt aufmerksam zu machen. Bestickte Messgewänder oder die Jeans-Kasel sollen die Performance des Gottesdienstes unterstützen. Kleine

8.3. Symbol und Diabol

Riten, wie das Niederreißen einer Mauer von Pappkartons, sollen freiheitliches Gefühl vermitteln. Der religiöse Ritus ist mehr als Kommunikation, er ist sogar Kommunion. Er besitzt eine innere Gestalt, die zu einem neuen Bewusstsein führt und den inneren Sinn des Lebens und der Wirklichkeit selbst erschließt. Ein echtes Symbol fokussiert dies auf das Zentrum.

Im evangelischen Bereich wird oft der Ausdruck „nur symbolisch" verwendet. Damit meint man eigentlich: „nicht wirklich", sondern in einer anderen, weniger wichtigen Bedeutungsschicht. Man sagt etwas, es ist aber etwas Anderes gemeint. Im Hintergrund dieser Aussagen steht der philosophische Universalienstreit des Mittelalters. Greifbar ist er in den traditionellen konfessionellen Formeln bei der Abendmahlsfeier. Die Lutheraner sprechen von der Realpräsenz Christi in Brot und Wein, die Reformierten verlassen die realistische Ausdrucksweise und übernehmen die nominalistische, sie sprechen davon, dass Brot und Wein nur Leib und Blut Christi „bedeuten". Realpräsenz contra Signifikanzpräsenz. Die Welt des Glaubens wird in die Welt der Ideen transferiert, teilweise verbunden mit dem Bewusstsein, etwas nun besser verstanden zu haben. Nominalistische Ausdrucksformen haben sich auch in manchen katholischen Textsammlungen zu Gottesdiensten eingebürgert. Es kommt zum Auseinanderfallen zwischen dem, was ist, und dem, was man sagt oder singt. Plötzlich ist etwas Anderes damit gemeint. Man übersieht, dass das Symbol mehr will, als Objekt und Subjekt in menschlicher Haltung zu verbinden. Ein überzeichnendes Beispiel sei angeführt. Die Ikonen der orthodoxen Kirche finden viele Menschen instinktiv schön. Man kann sich dieses Symbol vom dargestellten Motiv her, sogar von dem Handwerklichen, dem Umgang mit Holz, Leinwand und Farben, erklären lassen, man kann sie theologiegeschichtlich deuten und die Deutung als hilfreich erachten. Ihr Wesen kann man aber nur erkennen, wenn man die Ikone verehrt und auch küsst.

8.4. Verloren im Milieu

Man kann sich des Eindrucks nicht erwehren, dass die gottesdienstlichen Entwicklungen der letzten Jahrzehnte dazu geführt haben, dass die verschiedenen Kirchen mit einer Art Gottesdienstverlust auch sich selbst verloren haben.

Die Landeskirchen haben die sonntägliche Eucharistie, die die liturgische und ökumenische Bewegung ihnen nahegelegt hatten, nicht wiedergefunden und wollen sie nicht wiederfinden. Der Verlust der sonntäglichen Eucharistie wird auch nicht als schädlich empfunden. Und obwohl nicht beabsichtigt, bleiben seine Folgen nicht aus. Es ist wie bei einer Autoimmunerkrankung, bei der sich aus Phobie vor dem Sakralen immer neue Schübe zerstörerisch gegen sich selbst richten. Ein simplifizierter Predigtgottesdienst ist zum Normalprogramm geworden, der zu besonderen Anlässen mit säkularen und neoreligiösen Elementen aufgeputzt wird. Der lehrhafte Charakter des Protestantismus bleibt dominant und wird allenfalls von emotionalen und meditativen Versatzstücken mitvollziehbarer gemacht. Die Predigt muss zusätzlich auch all das „leisten", was durch den faktischen Wegfall des Sakraments fehlt.

Die katholischen Bistümer können auch die sonntägliche Eucharistie nicht mehr in der bisher gewohnten Weise gewährleisten. Der Priestermangel zwingt zur Gründung von Pfarrverbänden und mit den pastoralen Laienmitarbeitern zur Installation eines „Klerus minor", der kein Klerus sein darf. Dass es innere, sich gegenseitig bedingende Berührungspunkte zwischen dem Priestermangel und der Krise der Messe geben könnte, wird zwar akademisch distanziert diskutiert, aber öffentlich kaum behandelt. Man versucht, wegen anderer Zusammenhänge aus der Schusslinie zu bleiben, und startet einen innerkirchlichen Dialog mit selbsternannten Vertretern einer „Kirche von unten" und ihren Sympathisanten in der „Kirche von oben". Die Ausstattung des Gotteshauses und der Ritus, der damit verbunden wird, zeigen an, dass man mit dem, was und wie man gewesen ist, nichts mehr anfangen kann. Es ist die Angst vor dem, was man eigentlich ist, weil man das, was man eigentlich war, nicht mehr sein möchte. Die Verhaltenstherapie, der man sich unterworfen hat, ist aber fehlgeschlagen und die Häutung der alten Schlange hat nicht zur Bildung einer neuen Haut geführt, man ist noch in Behandlung.

Man muss es den orthodoxen und orientalischen Kirchen hoch anrechnen, dass sie in schwierigsten Situationen der letzten Jahrzehnte und Jahrhunderte nicht Hand angelegt haben an ihre Gottesdienste, sondern sich als Hüterinnen des Heiligen verstanden haben. Ihre konfessionelle Exklusivität ist daher auch in ökumenischen Zusammenhängen verstehbar und in einem bestimmten Rahmen zu akzeptieren. Als in Deutschland errichtete Tochterkirchen ihrer Patriarchate und Katholikate kommen sie nicht umhin, mit dem Aufbau von Gemeinden auch ihr kirchliches Milieu zu etablieren. Nationale Identitäten bleiben dominant und führen zur Aufkündigung von innerkirchlichen Gemeinschaften. Eine deutsche Orthodoxie hat sich nicht entwickelt und die Orthodoxie in Deutschland ist in vielen Fragen mit sich selbst beschäftigt. Auch der Umgang mit fundamentalistischen Strömungen im Schlepptau der Herkunftskirchen hat dazu geführt, dass sich das exklusive Prinzip gegen sich selbst wendet. Die Orthodoxie trägt aber in sich das Potenzial, exemplarisch über ihre konfessionellen Grenzen hinaus zu sein und zu handeln. Die Weichen dafür sind auf dem Konzil von Kreta 2016 durchaus gestellt gewesen.

8. Eucharistie in der Katakombe

Die evangelikalen und charismatischen Kirchen verstehen sich als Alternativen zu den großen Kirchen, denen gegenüber sie die Verbindlichkeit der biblischen Botschaft und die Ernsthaftigkeit des bekehrten und wiedergeborenen Lebens oder die spürbare Leitung durch den Heiligen Geist anmahnen. Ihre Gottesdienste greifen zu äußerlichen Formen der Lockerheit und Lebendigkeit, setzen eigene musikalische Stücke ein, die die Emotionalität tragen sollen, und verwenden das „freie Gebet" und gemeinschaftliche rituelle Elemente. Obwohl ihre Gottesdienste natürlich nicht „liturgisch" sein sollen, ist ihr Geschehen einschließlich der Gebete und Zeugnisblöcke eigentlich noch mehr durchkalkuliert als die traditionellen landeskirchlichen Gottesdienste, denen sie sich überlegen fühlen. Schwierig ist, wenn es zutage tritt, dass das hermeneutische System der Frei- und Pfingstkirchen Fragen „von der Bibel her" nicht eindeutig beantworten kann.

Andere kleine Kirchen betonen in ihren Gottesdiensten auch die Verwirklichung ihrer konfessionellen Eigenart und die Umstände ihrer Gründungssituationen. Allen gemeinsam ist, dass sie den eigenen Gottesdienst besser finden als den Gottesdienst der anderen Kirchen. Ökumenische Gottesdienste sollen zwar zeigen, dass die Trennung nicht bis in die Wurzel gegangen ist, aber man traut der Wurzel, die ja die eigentlichen Elemente des Lebens aus dem Boden holt, anscheinend nicht viel Kraft zu. Die Aufrechterhaltung des kirchlichen Milieus hat Priorität. Kirchen sehen sich trotz des Beiwerkes ökumenischer Rhetorik grundsätzlich als Rivalinnen an. Solange das Milieu funktioniert, ist man mit sich und den anderen zufrieden.

Man kann ja diskutieren, ob eine gewisse Situation von Rivalität nicht als natürlich gegeben angenommen werden muss und vielleicht sogar nützlich und förderlich sein könnte. Zugleich darf man aber nicht übersehen, dass der Selbstverlust der Kirchen mit ihren Gottesdiensten in ihrem Milieu anzeigt, das

8.4. Verloren im Milieu

Sakralität und Säkularität der Lebensvollzüge aus der Balance geraten sind. Die Aussagen des Ritus stimmen nicht mit den Aussagen des Lebens oder der theologischen Behauptung überein. Die Macht des Gottesdienstes existiert nicht mehr. Auch die hoch im Kurs stehende kirchliche Service-Mentalität kann dies nicht überspielen. Der säkulare und neoreligiöse Mensch sucht seinen Kult in der Unterhaltungsindustrie, bei Livekonzerten, in der Disco, auf Fernreisen und in Therapieansätzen des Gesundheitswesens. Dort wird wenigstens die Balance von Sakralität und Säkularität behauptet oder gespielt.

Die provozierende Fangfrage nach der Herkunft der Taufe des Johannes, die Jesus im Tempel den Pharisäern auf ihre Frage nach seiner Vollmacht stellt (Mt 21, 23–27), könnte man zuschneiden auf den Gottesdienst. Woher ist der Gottesdienst, ist er vom Himmel oder ist er von den Menschen? Sie spielten die Antworten durch: „Sagen wir, er ist vom Himmel, wird man uns vorwerfen, warum habt ihr dem nicht geglaubt. Sagen wir, er ist von den Menschen, bekommen wir Ärger mit dem Volk, denn das Volk glaubt, dass der Gottesdienst auch einen göttlichen Charakter haben muss." Daher entschied man sich in erprobter Manier der Öffentlichkeitsarbeit für die Antwort: „Wir wissen's nicht." Eigentlich wussten sie es aber ganz genau.

9. Geschenk (Die göttliche Präsenz im Leben)

9.1. Im Namen des Vaters – im Kraftfeld des Ursprungs

Die gottesdienstliche Versammlung ist ein Kraftfeld eigener Art. Sie geschieht unter der Anrufung des Namens Gottes mit der Absicht, seinen Namen zu heiligen. Die trinitarischen Eröffnungsformeln des Gottesdienstes sind keinesfalls äußere Formalien. Das Nennen, Kennen oder auch Verschweigen eines Namens schafft eine besondere persönliche Beziehung. Der christliche Gottesdienst folgt der Erfahrung des Volkes Israels mit dem Gottesnamen. Das Tetragramm „JHWH" wird in 2. Mose 3, 14 als „Ich werde sein, der ich sein werde" gedeutet. In der Frömmigkeit wurde dieser Name mit dem als Ersatz zu lesenden Namen „Adonaj", Herr, verwendet. Der Name Gottes als „El Schaddaj", der Allmächtige, wurde bei der Offenbarung am Sinai mitgeteilt, es kann eine Erfahrungs- und Offenbarungsgeschichte mit Gott nachgezeichnet werden. In den Vätergeschichten findet sich auch der Name „Elohim", der mit der Gottespartikel „el" vielfach kombinierbar wurde. Im Tempelgottesdienst wurden Beinamen wie „König" (Ps 97, 1), „Thronender über den Cheruben" (2. Kön 19, 15) und „Zebaoth" (Jes 6, 5) verwendet. Gott wurde auch in Verbindung gebracht mit Ereignissen, die auf ihn zurückzuführen waren, wie mit den Namen der Personen, die ihm begegneten. Die Adonaj-Bezeichnung übernahm dann der älteste Gottesdienst der Urkirchen für Jesus Christus (Phil 2, 11). Namen-Gottes-Gebete stellen die Namen Gottes zusammen: Höchster, Lebendiger, Vater, Herr, Schöpfer der Welt, Herrscher über das All, Heiliger, Starker, Unsterblicher, Gott deines Volkes, unserer Ahnen, Feuersäule, Wolke, Brennender Dornbusch. Die Anrufung und Heiligung des Namens Gottes ist Vergewisserung seiner geschichtlich wirksamen Macht, Bestätigung seines Charakters und Bitte um seine verborgene Nähe.

9.2. Im Namen des Sohnes – Die christozentrische Entschlüsselung

Der Gottesdienst der byzantinischen Kirche kennt den Augenblick, in dem der Priester vor dem Großen Einzug zum Gesang des Cherubim-Hymnus leise betet. In diesem Gebet blitzt eine christozentrische Entschlüsselung des Abendmahlsgeschehens auf. „Denn Du bist der Darbringende und der Dargebrachte, der Empfangende und der Ausgeteilte, Christus unser Gott ..." Diese geistliche Erkenntnis ist es, die den Gottesdienst als ganz menschliches und ganz göttliches Geschehen zusammenhält und praktizierbar macht. Sie beschreibt einen symbolischen Kreislauf im Gottesdienst. Wenn er diesen sich gegenseitig begründenden Kreislauf verliert, entgleitet er in diabolische, theologische Kontoversen, die jahrhundertelang z.B. über den „Opfercharakter" der Messe geführt wurden. Dabei wird dann vergessen, dass Christus das „Brot des Lebens" ist. Man könnte nach diesem Muster ähnliche christozentrische Zusammenstellungen versuchen. Er ist der Verkündigende und Verkündigte, sogar der Inhalt der Verkündigung, weil er das „Wort Gottes" ist. Er ist der betende und der Angebetete, er ist im Gebet gegenwärtig und wird selbst zum Gebet der Welt. Die Ich-bin Worte Jesu im Neuen Testamentes – Brot des Lebens; Licht der Welt; Tür; guter Hirte; Auferstehung und das Leben; Weg, die

9.2. Im Namen des Sohnes – Die christozentrische Entschlüsselung

Wahrheit und das Leben, der wahre Weinstock; ein König; der Erste und der Letzte und der Lebendige – werden als „eigentliche Rede" Jesu in der Gottesoffenbarung des Alten Testamentes verortet und entschlüsseln auch die christologischen Zusammenhänge des Gottesdienstes. Der Gottesdienst ist insgesamt ganz göttliches und ganz menschliches Geschehen. Aber hinter ihm steht die „eigentlich Erwartung" der Glaubenden, dass die göttliche Gegenwart das menschliche Geschehen überstrahlt. Die ganze Feier des Gottesdienstes wird von einer solchen optimistischen Erwartung durchzogen.

Die Gläubigen der östlichen Kirchen – folgt man ihren Gebetbüchern – interessiert dabei nicht nur, „wer" Jesus Christus ist, sondern „wie" Jesus Christus ist, also welchen außerordentlichen Charakter er hat. Die Züge seines Charakters werden geliebt und sind prägend für die Gottesbegegnung. Gleichzeitig handelt Jesus Christus an den Gläubigen wie nur er es kann. Folgt man der Andachtsform des „Akathistos", wird Jesus im Gottesdienst mit Zuschreibungen überhäuft. Die Zuschreibungen sind alle aus einzelnen biblischen Perikopen erhoben. Nur einige seien aufgezählt. Er ist: Bewunderung der Engel, Erlösung der Urväter, Stärke der Könige, Erfüllung der Propheten, Festung der Märtyrer, Freude der Mönche, unendliches Erbarmen, hellstrahlenden Schönheit, unaussprechliche Liebe, Schützer der Kindheit, Ernährer der Jugend, Lobpreis der Alten, Hoffnung der Sterbenden, lebendiges Brot, Quelle der Vernunft, anfanglose Erinnerung, Trost der Weinenden. Sein Charakter ist: mild, ehrwürdig, barmherzig, erbarmungsvoll, langmütig, allgewaltig, sättigend, beruhigend, beschirmend, helfend, heilend. Er handelt an den Gläubigen: Er vergisst sie nicht, er verwirft sie nicht, er verlässt sie nicht, er lässt sie nicht verloren gehen, er lehrt die Unnützen, erleuchtet die Verfinsterten, reinigt die Unreinen, er findet die Seele der Glaubenden, öffnet das Herz der Klopfenden, er verurteilt nicht nach Taten.

9.3. Im Namen des Heiligen Geistes – die Vergöttlichung des Seins

Der Heilige Geist wird als „dritte Person Gottes" in der Dreieinigkeit Gottes umschrieben. Er ist „der Stoff", aus dem die Gottesdienste sind. Ohne Bitte um den heiligen Geist oder die Anrufung seiner Kraft läuft im Gottesdienst gar nichts. Jesus selbst bittet: „Und ich will den Vater bitten, und er wird euch einen anderen ‚Tröster' geben, dass er bei euch bleibe in Ewigkeit; den Geist der Wahrheit, den die Welt nicht empfangen kann, denn sie sieht ihn nicht und kennt ihn nicht. Ihr kennt ihn, denn er bleibt bei euch und wird in euch sein." (Joh 14, 16f.) Die Heilige Geist steht in engem Zusammenhang mit der Verherrlichung Jesu (Joh 7, 39). Er ist der Urheber eines Wandlungsprozesses im Gottesdienst, der auch als Wiedergeburt für das Reich Gottes angesehen wird (Joh 3, 5). Dieser Gottesdienst ist nicht verdorrt, wenn er die Früchte des Geistes hervorbringt: Liebe, Freude, Friede, Geduld, Freundlichkeit, Güte, Treue, Sanftmut, Keuschheit. Der Heilige Geist wird in den Hymnen besungen als: Spender allen Lebens, Offenbarer der Wahrheit, Quelle der göttlichen Schätze, Abgrund der Gnade, Reichtum der Herrlichkeit, Pfand des zukünftigen Erbes, Erstlingsspender der eigenen Güter, Reinigender der Seele, Rückkehr zur ersten Schöpfung, Bewässerung der Schöpfung. Der ganze Gottesdienst ist „Epiklese", die Herabrufung des Heiligen Geistes. Im Eucharistiegebet wird dieses in einer besonderen „Epiklese" fokussiert. Er wird um die Wandlung der Gaben von Brot und Wein, der Herzen der Einzelnen und der Gottesdienstgemeinschaft gebeten. Diese „Epiklese" gilt in der Ostkirche als das „stets erhörte Gebet".

9.4. Im Mittelpunkt der Zeit

Im Gottesdienst fallen irdische und himmlische Zeitdimensionen zusammen. Die irdische Geschichte des Einzelnen und der Menschheit wird umfangen von der Heilsgeschichte mit Gott. Zeit wird mehrschichtig gegenwärtig erlebt. Verschiedene Ereignisse der Erlösungsgeschichte, die „historisch" nacheinander überliefert worden sind, ereignen sich zugleich. Das Kirchenjahr versucht, die inneren Zusammenhänge der Feste zyklisch als gegenwärtig zu entfalten. Schöpfung und Erlösung, Zeit und Ewigkeit interpretieren sich gegenseitig und werden zum „Soundtrack" des Kosmos. Aber auch in jedem Gottesdienst selbst ereignet sich die Festsubstanz des ganzen Kirchenjahres. Jeder Gottesdienst ist zugleich Schöpfung, Deutung durch Prophetie, Geburt des Erlösers, Verkündigung seiner Botschaft, Ereignis seiner Wunder, Karfreitag, Himmelfahrt, Ostern, Pfingsten. Jeder Gottesdienst ist nicht nur die Gegenwärtig-Setzung der heilsgeschichtlichen Vergangenheit, sondern auch die Feier der Wiederkunft Christi. Der Gottesdienst bittet und feiert zugleich schon jetzt alles, was „in ihm und mit ihm und durch ihn" war und sein wird.

9.5. Der entscheidende Ort

Mit der liturgischen Zeitgleichheit geht auch das Phänomen der Ortsgleichheit einher. Die gottesdienstliche Versammlung überschreitet ihre räumlichen Grenzen. Der Knecht des Hauptmannes, dem Jesus in Kapernaum begegnete; wurde „gesund zu derselben Stunde" an einem anderen Ort (Mt 8, 13). Die gottesdienstliche Psychologie sammelt die Orte der Gottesoffenbarungen und setzt sie gegenwärtig, weil sie von der Substanz des Heilsgeschehens leben möchte. Man muss zur Heiligen Taufe nicht mit dem Flugzeug Wasser aus dem Jordan holen, jedes Taufwasser „ist nicht allein schlicht Wasser", sondern „in Gottes Gebot gefasst und mit Gottes Wort verbunden" (Kleiner Katechismus, Das vierte Hauptstück), also eigentlich das ursprünglichere Jordanwasser. In diesem Sinne ist das Haus Gottes Stiftshütte, Tempel zu Jerusalem, Abendmahlssaal, Hinterzimmer, in das der auferstandene Jesus eintrat, und das himmlische Jerusalem. Der Altar „ist" die gottesfürchtig errichteten Altäre des Alten Testamentes, der Abendmahlstisch, der Hügel Golgatha, Emmaus, Ort des Gerichtes und der Scheidung von denen „zur Rechten und zur Linken". Die Kanzel ist der Ort, an dem die Vielzahl der Ereignisse und ihre Ereigniskraft, die in den Perikopen aus der Heiligen Schrift berichtet werden, nicht nur äußerlich nacherzählt werden, sondern auch selbst geschehen.

9.6. Eine metahumane Gemeinschaft

Die „Communio sanctorum" (Gemeinde der Heiligen) ist die Raum und Zeit überschreitende Versammlung der getauften Christen, die in ihrem Leben Christus nachfolgen wollen und aus der Nähe Gottes leben. Diese Gemeinschaft zeichnet sich dadurch aus, dass sie nicht in sich und aus sich selbst oder aus einer Aufgabe oder einem Ideenkonzept besteht, sondern sich als „in Christus" lebend, sogar mit ihm zusammen als „ein Leib" sieht. „Ein Leib und ein Geist, die ihr auch berufen seid zu einer Hoffnung eurer Berufung. Ein Herr, ein Glaube, eine Taufe, ein Gott und Vater aller, der das ist über allen und durch alle und in allen." (Eph 4, 4f.) Es geht also nicht um ein persönlich vorhandenes oder erworbenes Grundmuster von Heiligkeit oder um eine persönliche Fähigkeit von moralischer Vollkommenheit. Zur „Communio sanctorum" gehören die verstorbenen, die auf der Erde lebenden, die zukünftigen und die im Himmel vollendeten Gemeindeglieder. Gemeinsam bilden sie eine Gottesdienstgemeinschaft, in der sie gegenwärtig sind. Daher sind sie auch emotional miteinander verbunden und beten natürlich füreinander. In Anlehnung an den Septuaginta-Text übersetzt die byzantinische Tradition Ps 68, 36 mit „Wunderbar ist Gott in seinen Heiligen."

Obwohl die Bekenntnisschriften der Lutheraner das ehrende Gedenken der Heiligen als Vorbilder im Glauben lehren (CA XXI), hat sich de facto in den evangelischen Kirchen eine Art Phobie in diesem Punkt eingeschlichen. Es ist die irrationale Ansicht, das Gedenken der Heiligen würde etwas von der Größe Gottes wegnehmen und stelle einen Götzendienst dar. Hintergrund ist die damals vergröberte Ansicht in der westlichen Kirche über die Verdienste (merita) der Heiligen. Diese würden einen Schatz bilden, aus dem die Kirche den Gläubigen Gnade zuteilen könnte. Die evangelische Vertreibung der offiziellen Heiligenverehrung hat jedoch dazu geführt, dass diese durch die Hintertür inoffiziell wieder auf einem anderen Level in das kirchliche Leben eingelassen wird. Während orthodoxe und katholische Kirchen unterschiedliche und oft komplizierte Proklamationsprozesse kennen, die zu einer Kanonisierung der Heiligen führen, gibt es im evangelischen Raum eher „flache" Vorgänge. Ein Kirchenvorstand entscheidet über den Namen einer Kirche oder Gemeinde, die z.B. nach Bonhoeffer benannt wird. Eine liturgische Kommission entscheidet über die Aufnahme in einen „Evangelischen Namenkalender" mit vorbildlichen Glaubenszeugen. Ein christlicher Verlag gibt einen Bildkalender heraus mit monatlich zu betrachtenden Bildern und Aussagen einer prominenten ehemaligen Landesbischöfin. Man würde es weit von sich weisen, als handele es sich um eine Art Heiligenverehrung. Nein, es ist besser, es handelt sich um das moderne Glaubensleben „an sich".

9. Geschenk (Die göttliche Präsenz im Leben)

Zu der Besonderheit der evangelischen Art der Heiligenphobie gehört auch die Unterlassung der Anrufung der Heiligen. Besonders, wenn sie mit dem Brauch des Küssens von Heiligenbildern verbunden ist, wird diese aus den eben genannten Gründen geradezu als Paradebeispiel einer missbräuchlichen Praxis angesehen. Der damals lutherische Theologe *Karl Christian Felmy* hat 1992 auf dem Dialog zwischen der Russischen Orthodoxen Kirche und der Evangelischen Kirche in Deutschland in Bad Urach versucht, diese Blockade zu brechen. Er argumentiert, dass es der Reformation nicht primär darum gegangen sei, die Anrufung der Heiligen um ihre Fürbitte auszuschließen, sondern die Gefahr abzuwehren, das Vertrauen dabei auf Menschen anstatt auf Gott zu richten. Die Fürbitte der Heiligen will jedoch grundsätzlich die gemeinsame Stärkung des Vertrauens auf Gott. Ist dieses klar, kann man die Anrufung auch der verstorbenen und vollendeten Heiligen nicht ablehnen. Die Anrufung der Heiligen dann aber auch zu praktizieren, bleibt trotzdem weiterhin eine kaum zu überwindende Barriere im evangelischen Raum, weil die emotionalen Hemmungen dafür zu groß sind.

Auch bei der weltlichen persönlichen Erinnerung an Verstorbene kommt es zu einer Art psychologischem Prozess einer „Ikonisierung". Das Bild der Verstorbenen verdichtet sich. Das, was sie für die anderen gewesen sind, verschmilzt mit dem, wie sie ausgesehen haben, welche Taten und Ereignisse mit ihnen prägend waren. Das Lebenszeugnis der Verstorbenen und ihre Persönlichkeit fallen zusammen. Es kommt zu einer Art säkularem Heiligenbild. Das „Heiligenbild" stellt nun das Lebens- und Glaubenszeugnis in die Gemeinschaft der „Communio sanctorum" und veredelt es damit in einer neuen Dimension.

9.7. Erwählt, begnadet und vollendet

Weil im christlichen Gottesdienst ein Offenbarungsgeschehen entschlüsselt wird, bedarf es dessen, dass man sich diesem Geschehen in angemessenen Kategorien nähert. Es geht darum, dass man dem innerlichen und äußeren Geschehen der Liturgie nicht simplifizierend, sondern mit geistlichen Haltungen begegnet, um das Besondere zu entdecken. Der Mensch muss in das Wechselspiel zwischen den Kategorien göttlicher Offenbarung und menschlicher Erfahrung eintreten, um dort Stück für Stück voranzuschreiten, um sich selbst in der Gegenwart Gottes als menschliches Gegenüber zu finden und zu sein. Ohne einen solchen Prozess können auch die Gläubigen der Mutter Jesu nicht begegnen. Wenn das Besondere der christlichen Religion die Inkarnation Gottes ist, die bedeutet, dass der unfassbare Gott ganz Mensch wird, und wenn dies zu Weihnachten bestaunt, bewundert und angebetet wird, kann man nicht davon absehen, auch davon überwältigt zu sein, dass die Menschheit anscheinend dazu in der Lage ist, sich mit der Gottheit zu vereinen. Der Mensch muss sozusagen inkarnationsaffin sein. Er muss von Natur aus – natürlich nicht ohne seine eigenen Grenzen und Beschränkungen – doch in der Lage sein, das inkarnatorische Gegenüber Gottes zu werden, zu sein und zu bleiben. Zur Menschwerdung Gottes, der mit der göttlichen die menschliche Natur ganz annimmt, gehört als Gegenüber ebenso der Mensch, dessen Natur ganz in die Vergöttlichung hineingenommen werden kann. Die Annahme des „ganzen Menschen" durch Gott und die Annahme des „ganzen Gottes" durch den Menschen ist die Gegebenheit, die als Teil des Offenbarungsgeschehens entschlüsselt wird in der Person der Mutter Jesu. Diese bringt als „ganz Mensch" den „ganz Gott" zur Welt, der sich als „ganz Gott" von einer Menschenmutter als „ganz Mensch" zur Welt bringen lässt. Christus, das

Besondere seines Lebens und Schicksals ist unauflöslich verschmolzen mit dem Besonderen des Lebens und Schicksals Mariens. Eine Christologie ohne Mariologie oder Theotokologie bleibt defekt. Maria ist nicht ohne Christus zu entschlüsseln, Christus aber auch nicht ohne Maria.

Der damals reformierte Theologe und Mönch *Max Thurian* fasst zusammen, was alle Kirchen, ausgehend von den biblischen Überlieferungen über Maria, die Mutter Jesu, aussagen können. Das Warten Israels auf den verheißenen Messias wurde in der Person der „Tochter Zion" dargestellt. Am Tag der Verkündigung gebraucht der Engel den messianischen Gruß und sagt die Zeit der Befreiung an. Die Fülle der Gnade Gottes begegnet einer Maria in Armut und Niedrigkeit, damit die Stärke der Gnade Gottes in der menschlichen Schwäche aufleuchten kann. Obwohl sie die Wohnung Gottes wird, bezeichnet sie sich als Magd des Herrn. Maria wird die Mutter des Messias-Königs. In ihrem Lobgesang, dem Magnificat, heißt es, dass alle Kindeskinder sie seligpreisen werden, da der Herr große Dinge an ihr getan hat (Lk 1, 48f.). Maria wird Mutter des Leidensknechtes. Bei der Darstellung im Tempel sagt Simeon ihr voraus, dass durch ihre Seele ein Schwert dringen wird (Lk 2, 35). Sie muss allmählich auf ihre menschliche Mutterschaft verzichten und sieht, wie ihr Sohn auf den tragischen Ausgang seines Dienstes zugeht. Unter dem Kreuz wird sie zur Zeugin seiner grausamen Marterung und verliert ihr Kind. Sie wird sozusagen dem Tode Jesu „gleichgestaltet" (Phil 3, 10f.), um dann Zeugin seiner Auferstehung zu werden. Ihr Leben und Lebensweg lässt sie zur geistlichen Mutter der Kirche werden. Die Vision der apokalyptischen Frau (Offb 12) im endzeitlichen siegreichen Kampf des Lammes nimmt Züge der Maria an. In dieser Vision fallen das Bild der Kirche und der Person Marias übereinander (Gemeinsam glauben, 52–55). Maria, die Mutter Gottes, ist erwählt, begnadet und vollendet.

9.7. Erwählt, begnadet und vollendet

Der orthodoxe Gottesdienst bringt in der Ikonenwand die Ikone des Erlösers auf der rechten Seite und die Ikone der Gottesgebärerin auf der linken Seite der „königlichen Pforte", des Eingangs in den Altarraum, an. Dadurch kennzeichnet er die beiden Dimensionen der Menschwerdung für das gesamte Heilsgeschehen. In ihren Lobgesängen reflektiert die Ostkirche in der Denkform der Typologie alle heilsgeschichtlichen Ereignisse und findet zusammen mit dem christologischen Bezug auch eine Fülle theotokologischer Bezüge. Die Gottesgebärerin wird zum Weinstock der unverwelklichen Rebe; zur Herde der geistlichen Schafe; zum Morgenglanz der aufgehenden Sonne; zur Bundeslade des Gesetzes Christi; zum Netz, das die Fischer Christi füllen; zum Zelt Gottes und seines Wortes; zum Kelch, der Freude spendet; zum Zweig, das aus der Wurzel Jesse hervorgeht; zur Himmelsleiter des Traumes Jakobs, auf der Gott hinauf- und herabsteigt; zum brennenden Dornbusch, der die Glut des Wortes Gottes enthält, ohne zu verbrennen. Bestimmte Typen von Gottesgebärerin-Ikonen entstehen. Die Lobgesänge enthalten von dem abschließenden trinitarischen Lobpreis ein „Theotokion", das den Inhalt des Liedes noch einmal auf Maria gerichtet reflektiert. Wegen ihrer „Blutsverwandtschaft" mit dem Leibe Christus wird sie als die natürliche Vertreterin der Menschheit vor Gott und mütterliche Fürsprecherin verehrt. Die Eucharistie wird auch für sie dargebracht, da sie ganz auf beiden Seiten der Inkarnation steht.

Der gottesdienstliche Kalender der römisch-katholischen Kirche kennt mehr als 15 Marienfeste, zu denen auch das am 8. Dezember gefeierte „Hochfest der ohne Erbsünde empfangenen Jungfrau und Gottesmutter Maria" und am 15. August die „Aufnahme Mariens in den Himmel" gehören. Beide Feste gehen auf Dogmatisierungen durch Rom von 1854 und 1950 zurück, die in einem neoscholastischen Ansatz bestimmte Aspekte von Erwählung, Begnadigung und Vollendung reflektieren und festschreiben. Ohne Gemeinschaft im Gebet mit Maria und ohne ihre Fürbitte, ohne ihre Gegenwart ist der katholische Gottesdienst nicht zu verstehen. Sie ist gegenwärtig beim Sündenbekenntnis und im Eucharistiegebet. Es gibt besondere Marienwallfahrten und der Monat Mai ist als Marienmonat hervorgehoben.

Evangelische liturgische Kalender haben zwar die sogenannten „biblischen" Marienfeste „Mariä Lichtmess" am 2. Februar, „Verkündigung des Herrn" an Maria am 25. März und „Mariä Heimsuchung" am 2. Juli aufgenommen, diese Feste werden aber so gut wie nie begangen, auch nicht in den Kirchen, die den Namen St. Marien aus vorreformatorischer Zeit beibehalten haben. Im Evangelischen Gesangbuch stehen drei Magnifikat-Lieder und zwei Rundgesangsformen, die aber als biblische Lobgesänge eingeordnet werden und nicht einem Marienfest zugeordnet sind. Es handelt sich um ein eigentümliches konfessionelles Phänomen, um eine Art kollektiven Verdrängungskomplex. Zu Weihnachten singt man in den Gottesdiensten voller Gefühl das Lied „Es ist ein Ros entsprungen" mit: „aus einer Wurzel zart", „von Jesse kam die Art" und „Marie, die reine Magd". Zu Epiphanias kann man singen. „Hast in Marien Jungfrauschaft durch des Heiligen Geistes Kraft angenommen unsere Menschheit aus Genaden." Aber sonst fehlt Maria im gottesdienstlichen Leben. Diesen kollektiven Verdrängungsprozess beschreibt der orthodoxe Theologe *Sergij Bulgakov*, der den Protestantismus als „anderes Christentum" ansieht, das „in seinem Wesen mit einem rätselhaften und unverständlichen Nichtgefühl für die Mutter Gottes verbunden ist." (Bulgakov 179) Man könnte anführen, dass die Apologie der Confessio Augustana in einer Nebenbemerkung im Artikel XXI noch festhält, „quod beata Maria oret pro ecclesia", oder *Martin Luther* (1483–1546) anhand seiner Magnificat-Auslegung von 1521 eine persönliche fundierte Marienfrömmigkeit zuschreiben. Auch der Zürcher Reformator *Huldreych Zwingli* (1484–1531) ging wie selbstverständlich von der einzigartigen heilsgeschichtlichen Bedeutung Mariens aus: „Ich vertraue auch festiglich, dass sie [Maria] von Gott erhöht sei über alle Geschöpfe der seligen Menschen oder Engel in der ewigen Freud." (Corpus Reformatorum 1, 424) In seiner reformatorischen Gottesdienstordnung von 1525 ist das „Ave Maria" selbstverständlich enthalten und wurde in Zürich noch viele Jahre in jedem Gottesdienst gebetet. Die von der Reformation aufgegriffene Verdienstproblematik und manche innerkatholische Diskussionen um die „Corredemptorix" haben dazu geführt, wegen der Gefahr der Herabsetzung der alleinigen Erlöserschaft Christi das ganze Feld der Mariologie zu umgehen. Historisch aufgehäufte Konflikte haben zu einem Kahlschlag geführt. Neonominalistische Anschauungen würden auch sagen, man muss die theologischen Aussagen über Maria nicht danach beurteilen, was sie sagen, sondern, was sie im eigentlichen Sinn meinen.

Natürlich gebührt Anbetung und Gebet dem Dreieinigen Gott allein, aber der Gottesgebärerin gebührt Erstaunen und Freude über ihr Ja zur Inkarnation. Die Dimensionen von Erwählung, Begnadigung und Vollendung, in die sie eingetreten ist, kann man weder erschöpfend definieren noch als theologisches Gnadengeschehen verrechnen. Wenn man sich Gott in der Dialektik von apophatischen und kataphatischen Bezügen annähern kann, muss auch an der Begegnung mit der Mutter Jesu, der Gottesgebärerin, diese Dialektik abzulesen sein.

9.8. Liturgie nach der Liturgie

Der Ausdruck „Liturgie nach der Liturgie" wird von orthodoxer Seite seit den 1970er Jahren in der ökumenischen Diskussi-

9. Geschenk (Die göttliche Präsenz im Leben)

on verwendet, um gegenüber den anderen Kirchen deutlich zu machen, dass die Teilnahme am Gottesdienst für die Gläubigen und die Kirche untrennbar mit ihren Verpflichtungen gegenüber der Gesellschaft und der Kultur verbunden ist. Zu oft wurden die östlichen Kirchen beargwöhnt als Gemeinschaften, die in einer rituellen Weltflucht verharren und sozialethische Verpflichtungen in Diakonie, Mission und Erziehung nicht im Blick haben. Dieser Argwohn mag auch daher kommen, dass die Kirchen in der Zeit des kommunistischen Ostblocks nicht in die Gesellschaft hineinwirken durften und ihr Leben vielerorts „nur" auf das Feiern der Liturgie beschränkt wurde. Tatsache ist aber, dass schon *Johannes Chrysostomos* selbst von zwei Altären gesprochen hat, die sich gegenseitig bedingen, dem Altar im Heiligtum und dem Altar auf dem Platz des öffentlichen Lebens. Da der Gottesdienst die Hineinnahme des Kosmos in die Vision der Erlösung feiert, ist die Teilnahme an ihm gerade von ihrem innersten Wesen auf den Dienst an der Welt ausgerichtet.

In seinen „Betrachtungen über die Göttliche Liturgie" beschreibt der orthodoxe Schriftsteller *Nikolaj V. Gogol'* die Auswirkungen so: „Wenn er aus dem Gotteshaus, wo er das göttliche Liebesmahl gefeiert hat, herauskommt, sieht er auf alle wie auf seine Brüder. Ob er auch seine gewöhnliche Beschäftigung im Beruf oder in der Familie aufnimmt: er bewahrt unwillkürlich in seiner Seele den großen Entwurf des von Liebe begeisterten Umgangs mit den Menschen, der durch den Gottmenschen vom Himmel gebracht worden ist. Wenn er Macht über andere hat – wo wird er von selbst milder gegen seine Untergebenen sein. Wenn er selbst unter der Macht eines anderen steht, so wird er bereitwilliger und mit größerer Liebe ihm gehorchen. Wenn er einen sieht, der um Hilfe fleht, so wird sein Herz mehr als zu einer anderen Zeit geneigt sein, zu helfen […] Groß und unermesslich kann der Einfluss der Göttlichen Liturgie sein, wenn der Mensch es sich zur Regel macht, was er gehört, auf sein Leben anzuwenden. Sie belehrt alle gleichermaßen, wirkt gleichermaßen auf alle Stände, alle Berufe, vom Zaren bis zum geringsten Bettler, sie spricht zu allen das eine in derselben Sprache: alle lehrt sie die Liebe, die ein Band für die ganze Gesellschaft ist, die verborgene Triebfeder, die die ganze Welt in harmonische Bewegung bringt." (Gogol, 122)

10. Nachfolge (Selbstaufgabe und Selbstfindung)

10.1. Abwehrmechanismen

Der Gottesdienst begegnet immer wieder auf verschiedensten Ebenen Entschuldigungen, Ausreden, Narrativen bis hin zu vorgetäuschten theologischen Argumentationen. Das Gleichnis vom Großen Abendmahl (Lk 14, 15–24) berichtet die klassischen Ausreden. Nacheinander entschuldigen sich der Mann, der einen Acker gekauft hat, und der Mann, der fünf Gespanne Ochsen gekauft hat. Der Mann, der eine Frau genommen hat, kommt natürlich auch nicht, findet aber jede Entschuldigung überflüssig. Psychologisch und theologisch gerissener sind die Varianten, die sich zu Fürsprechern der Menschen oder sogar Gottes machen. Angeblich um die Größe Gottes geht es, wenn man die exemplarische Zusage der Gegenwart Gottes im Gottesdienst, besonders aber im Segen oder im Altarssakrament in Frage stellen will. Dieses sei eine unzulängliche Verengung des Gottesbegriffes. Man könne Gott überall begegnen, in der Natur, in anderen Religionen und natürlich im Menschen. „Wer glaubt, der Jäger sei ein Sünder, weil selten er zur Kirche geht. Im Wald ein tiefer Blick zum Himmel ist besser als ein falsch' Gebet." Die Volksdichtung bringt die Pseudo-Entschuldigung für das Fernbleiben vom Gottesdienst trefflich zum Ausdruck. Diejenigen, die zur Kirche gehen, sind keine besseren Menschen als man selbst. Im Gegenteil: Es handelt sich bei ihnen um besonders falsche und verlogene Exemplare. „Tue recht

10. Nachfolge (Selbstaufgabe und Selbstfindung)

und scheue niemand". Wer nach dieser Maxime handelt, sei einem Christen mindestens ebenbürtig. Da es letztlich auch im Christentum im aufgeklärten und übertragenen Sinn um den Menschen, um das Humanum geht, ist der Gottesdienst letztlich verzichtbar. Es gibt Leute, die ihn noch gelegentlich brauchen, um dort ihren Humanismus nachjustieren zu lassen. Der Gottesdienstbesuch ist nach Ansicht einiger evangelischer und katholischer Pastoralsoziologen eines von verschiedenen soziologischen Identifikationsmodellen mit der Kirche. Der gelegentliche Besuch von Eventgottesdiensten ist als gleichwertig mit einem regelmäßig besuchten traditionellen Gottesdienst anzusehen. Kirchen sind auf dem Weg, zu Event-Service-Stationen zu werden, bei denen die Glaubenszugehörigkeit als Voraussetzung nicht mehr erkennbar sein muss und die soziologische Kirchenzugehörigkeit auch schon wackelt oder nur noch formell aufrechterhalten wird. Begräbnisse von ausgetretenen Kirchenmitgliedern, Taufen von Kindern, bei denen eine Patin noch schnell formell in die Kirche eintritt, und kirchliche Trauungen, bei denen ein Kirchenmitglied sich schon vorgenommen hat, nach der Eheschließung aus der Kirche auszutreten, sind keine extremen Ausnahmen mehr. Es ist eine punktuelle Adaption eines Neo-Eventritus des postmodernen Menschen, gestaltet von einer post-ekklesialen Kirche.

Ein grundsätzliches Misstrauen gegenüber Religionen, die ja auch immer Trägerinnen von Fanatismus, Hass und Konflikten gewesen sind, könnte man überwinden, wenn sich alle Religionen auf einer aufgeklärten Ebene finden würden, bei der es letztlich um den Menschen geht. Man müsste den Fanclubs und Anhängern der Bundesligavereine erklären, dass es besser sei, nicht mehr Fan zu sein, sondern der neutrale Beobachter, der am besseren Spiel im übertragenen Sinne interessiert ist, weil es doch eigentlich um den Ball ginge.

10.2. Archetypisches Priesteramt

Das geistliche Amt steht in enger Verbindung mit dem Offenbarungsgeschehen des Gottesdienstes. Es wird im Gottesdienst für den Gottesdienst geboren. Es erhält und empfängt sein Leben aus der Liturgie, es lässt und gibt sein Leben hin für die Liturgie. Das geistliche Amt ist kein Besitz – weder der Kirchenleitungen, der Gemeinden noch der Amtsträger selbst. Es steht in der Segensordnung des Gottesdienstes, die sich behaupten muss gegen den Fluch, der „von der Seite" herantritt. Im Amt sendet und beauftragt Gott selbst Menschen mit Stärken und Schwächen und stellt diese in den Horizont von Verheißung und Vollendung. Das geistliche Amt, das im Ritus der Ordination übertragen wird, lebt in der Spannung von Verborgenheit und Öffentlichkeit und wird instinktiver und tiefer von den Menschen verstanden, als es die theologischen Definitionen der verschiedenen Kirchen erahnen lassen. Was *C. G. Jung* (1875–1961) über den Menschen in der Messe schreibt, gilt im Besonderen für das geistliche Amt: „Da der Mensch im Geschehen der Messe (freiwilliges) Werkzeug ist, so ist er doch gar nicht in der Lage, etwas über die Hand auszumachen, die ihn führt." (Jung, 217) In die Frage, wie Gott wirkt, „lasse man sich besser nicht verwickeln", sie sei nämlich nicht zu beantworten.

Die theologischen Bemühungen der ökumenischen Bewegungen haben es nicht geschafft, eine Einigung in den Fragen des Amtsverständnisses zu erreichen. Trotz einiger Bereicherungen in der theologischen Diskussion zeigen die Reaktionen auf die Konvergenzerklärungen in den Fragen des kirchlichen Amtes, dass man solche Einigungen eigentlich auch gar nicht will. Das in der Amtstheologie zu formulierende Verhältnis von Charisma und Institution wird unterschiedlich beschrieben. Die mit Rom verbundenen katholischen Kirchen halten an einer ontologischen Amtstheologie fest. Der Bischof erteilt als eigentlicher Träger der Weihevollmacht mit dem Kollegium der Priester nach der Anrufung des Heiligen Geistes den Kandidaten mit Handauflegung die Weihe zum Priesteramt im Gottesdienst der Ortsgemeinde und feiert mit ihnen die erste Eucharistie. Die orthodoxen Kirchen vertreten gemäß der eucharistischen Ekklesiologie ein relationales Amtsverständnis. Der Bischof als Ikone des Hohepriesters Christus legt dem Kandidaten für das Priesteramt vor dem Glaubensbekenntnis und Eucharistiegebet seine Hände auf, die Gemeinde bekräftigt die Weihe bei der Einkleidung mit ihren „Würdig"-Rufen. Der Priester tritt in eine Beziehung ein zu Christus, der in der Eucharistie, in der Gemeinde und im Bischofsamt anwesend ist. In den lutherischen Kirchen hielt man traditionell an der Ordination (das lateinische Wort für die Priesterweihe, die man als deutschen Begriff aber tunlichst vermeidet) als Gnadenmittel fest, das nach der Ordnung der CA auch zu den Sakramenten gerechnet werden kann, und an der göttlichen Stiftung des Amtes. Die Handauflegung erfolgte durch einen Vertreter des leitenden geistlichen Amtes assistiert von zwei Mitgliedern des Pfarrkapitels. War es in früheren Zeiten eine der vornehmsten Aufgaben des geistlichen Amtes, die Abendmahlsfeiern zu leiten, so wurde dies vor einiger Zeit von den lutherischen Landeskirchen der VELKD dahingehend geändert, dass die Leitung nun auch von nicht ordinierten „Beauftragten" übernommen werden kann. Diese Beauftragungen wurden und werden höchst unterschiedlich gehandhabt. Das Amt wird damit als eine Delegation des allgemeinen Priestertums der Gemeinden verstanden und repräsentiert ein funktionales Amtsverständnis. Nach dieser Auffassung bedeutet dann die göttliche Stiftung lediglich, dass Gott das Amt den „gemeindlichen Strukturen" in die Hand gegeben hat und sie es nun nach ihren Erfordernissen „gestalten" können. Ordinationsgottesdienste können auch ohne Feier des Abendmahles stattfinden. Hier spiegelt sich das protestantische Abendmahlsparadox im Umgang mit dem kirchlichen Amt wider. Einen weiteren Akzent, der zur Polarisierung der Amtsdiskussionen in den ökumenischen Gesprächen führte, setzen die evangelischen Landeskirchen mit der schrittweise erfolgten Einführung der „Frauenordination" und Frauenbeauftragung. Sie lösten damit einen Diskussionsprozess aus, der mittlerweile auch in der römisch-katholischen Kirche geführt wird. *C. G. Jung* weist jedoch darauf hin, dass es zu kurz gegriffen ist, Ritus und Dogma als bloß äußere Formen anzusehen. Das archetypische Priestertum, wenn man ihm folgt, erschöpft sich nicht in soziologischen, historischen oder emanzipatorischen Ansätzen, sondern weist auf eine tiefere Dimension hin, die im Menschen angelegt ist und die sich im gottesdienstlichen Geschehen enthüllt. Die inkarnatorischen, doxologischen und eschatologischen Merkmale gelangen zur Übereinstimmung. Das Priesteramt ist nicht Besitz, Ordnung und Macht einer Kirche oder Gemeinde, sondern segensmächtige Ausprägung der „Liturgia abscondita". Die Ausübung des archetypischen Priesteramtes macht sprachlos. Sie kann auf nichts aus sich selbst verweisen. Es ist der exemplarische Schrei der Kreatur nach dem lebendigen Gott (Ps 42, 2).

10.3. Eintritt in eine biografische Wirklichkeit

Die Schriften des Alten und des Neuen Testamentes kennen eine Vielzahl unterschiedlicher Berufungsgeschichten von Menschen, die in den Dienst Gottes und in die Nachfolge Jesu treten sollen. Gemeinsam ist allen, dass den Dienern und Dienerinnen Gottes an einem bestimmten Punkt des Lebensweges klar wird, dass ihr Leben innerlich einen bestimmten Weg gegangen oder geführt worden ist, der sich nun im Empfang der Berufung entschlüsselt. Mit *C. G. Jung* könnte man von einem

10. Nachfolge (Selbstaufgabe und Selbstfindung)

Weg vom „Ich zum Selbst" sprechen (Jung, 230). Mit dem Empfang der Berufung erfolgt der Zutritt zu einer neuen biografischen Wirklichkeit, die das, was im Leben angelegt war, zugleich näher zu Gott und näher zu sich selbst führt. Wer fortan das Geschenk der Berufung nicht annimmt oder mit ihm falsch umgeht, der verfehlt sich selbst und schlittert in eine spirituelle Katastrophe. Das Geschenk der Berufung ist Opfer und Verpflichtung zugleich. Das Geschenk der Berufung ist auch Prägung und Ausstrahlung. Im Selbstfindungsprozess findet ein Christusfindungsprozess statt und dieser hat eine Rückwirkung auf das Selbst des Priesters.

Die katholische Theologie diskutiert dieses traditionell auch mit dem Begriff „character indelebilis"; *Max Thurian* spricht in reformatorischer Diktion vom „Charakter des Hirtenamtes", der bei der Ordination geschenkt wird. Würde man das so verstehen, dass der Priester eine höhere menschliche oder gar moralische Qualität oder Dignität als alle anderen Christen hat oder ein Mehr an Erlösung empfangen hat, so wäre dies ein fataler Irrtum. Es geht darum, dass der Priester sich exemplarisch dem Gott aussetzt, der seine Verheißungen nicht zurücknehmen will, egal wie schwach der Mensch und der Priester auch sind. Das unzerstörbare Element ist bildlich gesprochen eine Art Christuseinpflanzung, die mit dem Leben des Priesters verwachsen ist. Diese Einpflanzung bleibt als Segen, als Freude, als gefährliche Aufgabe und als Last. Das Priesteramt empfängt man niemals für sich selbst, sondern für die Gemeinde, die Christus nachfolgt. Der protestantische Einspruch, der die Amtsgnade nur als Funktion der Taufgnade sieht, verlegt das Besondere des Amtes dann in die Gnade der „theologischen Kompetenz", die durch ein Studium oder eine Ausbildung erworben werden kann. Diese „Ausbildungsgnade" feiert dann auf Kanzeln einen verdrängten „character indelebilis" eigener Art mit dem entsprechenden Habitus. Der begnadete Priester

wird abgelöst vom begnadeten Prediger oder vom „hohepriesterlichen" Gestalter, die nicht weniger in Gefahr stehen, sich als machtverliebte „Pfarr-Herren" zu gerieren, wie man dies gerne dem katholischen „Mess-Priester" unterstellt hat. „Hinter der protestantischen – nicht evangelischen – Scheindemut, die von keiner realen priesterlichen Amtskraft wissen will, verbirgt sich im geheimen der Hochmut des Individualisten, der seine eigenen Fähigkeiten oder Kenntnisse, mit himmlischer Gloriole umgeben, an die Stelle des Heiligen Geistes setzen möchte." (Echternach, Segnende Kirche, 204)
Zur Christuseinpflanzung durch die Ordination gehört auch, dass der Amtsträger eintritt in die Reihe derer, die das weitergeben, was sie vom Herrn empfangen haben (1. Kor 11, 23). Der Eintritt in eine Reihe von Amtsträgern, die vor und nach ihm kommen, relativiert und objektiviert sein Amt. Es geht auch hier eben nicht um die „Personality" des Kandidaten. Der Begriff „apostolische Sukzession" ist in der interkonfessionellen Diskussion zu einer verbissenen Diskussion um die Gültigkeit und juristische Macht von Ämtern degeneriert, bei der man so tut, als ob die Sukzession von Menschen in einer profangeschichtlichen Realität dingfest gemacht werden kann. In Wirklichkeit handelt es sich um die nur in Dankbarkeit, also heilsgeschichtlich in der eucharistischen Wirklichkeit zu empfangende Identität der ganzen Gemeinde und mit und in ihr auch des Priesteramtes.

10.4. Überlagerungen

Die Christuseinpflanzung des Priesteramtes unterliegt den gleichen charakterlichen Versuchungen wie die Feier des Gottesdienstes insgesamt. Sie weist auf die Macht der Machtlosigkeit des Christus hin. Versucht der Priester mit seinem Hirtencharakter Macht auszuüben, wird es übel und zerstörerisch für die Gemeinde und letztlich auch für den Amtsträger selbst. Andererseits muss der Priester auch nicht meinen, sich selbst für das, was er ist, vor der Gesellschaft oder in der Kirche verteidigen oder entschuldigen zu müssen. Diese Aufgabe übernimmt der Heilige Geist selbst (Mt 10, 19). Die individuelle Lebensgeschichte des Geistlichen wird mit der Christuseinpflanzung nach und nach deutlich spürbar verwoben mit der Lebensgeschichte und Lebenserfahrung des Christus. Der Priester spürt, dass er in Konflikte verwickelt wird, die nicht seine persönlichen sind, sondern die Schwierigkeiten oder Begeisterungen, die Menschen mit Christus haben, werden auf ihn übertragen. Im Leben des Amtsträgers ereignet sich, wie im Gottesdienst insgesamt, die asymmetrische Begegnung von menschlicher Schwäche und göttlicher Stärke. Die Aufgabe des Priesters ist neben der exemplarischen Leitung des Gottesdienstes die Fürbitte für die Einzelnen, denen er begegnet. Und die geistliche Haltung, mit der er den Einzelnen, die ihm anvertraut sind, begegnen soll, wird traditionell mit „Barmherzigkeit und Mitleid" beschrieben.

Norbert Bolz beobachtet, dass gegenwärtig das traditionelle Priestertum auf die säkulare Form eines „Individualpriestertums" trifft. Jeder will sein eigener Priester sein. Als Individuum macht sich der Mensch selbst zu einem Kultzentrum der Einmaligkeit. Er sucht die Selbsterlösung in der Selbstbezüglichkeit. In der Vergottung der eigenen Lebensentscheidungen wird die postmoderne Selbstverwirklichung in ihrer Schwäche sichtbar. Wer sich selbst sucht, der findet sich. Das ist seine Strafe. Auch ist der Individualkult eine bedürfnisorientierte und daher manipulierbare Variante des Kollektivkultes (Bolz, 47–51).

Der Priester muss akzeptieren, dass seine Aufgabe, mit den Augen der ungläubigen säkularen Welt gesehen, eigentlich überflüssig und skurril bis verrückt erscheint. Er darf nicht den Fehler begehen, sich als Sozialagent für die humane Weltverbesserung oder als kirchlicher Milieumanager zu gerieren, um seine Daseinsberechtigung zu begründen. Er kann jedoch sicher sein, dass sein Amt in Wirklichkeit genauso wichtig für die Welt ist wie der, dem er in seinem Leben nachfolgt.

11. Zukunft

11.1. Die gefährlichste Aufgabe der Kirche

So wie der katholische Theologe und Ostkirchenexperte *Michael Schneider* es einmal für das Mönchtum feststellt: „Das schwierigste Werk des Mönches ist das Gebet", kann man behaupten: Das schwierigste Werk der Kirche ist die Feier des heiligen Gottesdienstes. „Keiner kann im Glauben mehr erfahren, als er in der Liturgie feiert. In ihrem Vollzug geht es um keine systematische Zusammenstellung von Lehren und Ansichten und daraus entwickelten Prinzipien der Frömmigkeit, sondern um staunendes Nachvollziehen jener Mysterien, die Gott der Welt eröffnet." (Michael Schneider, Sakrament, 297) Darum kann man es sogar noch zugespitzter sagen: Der Gottesdienst ist die gefährlichste Aufgabe der Kirche in der Welt, denn er hat es mit dem inneren Geheimnis der „asymmetrischen Beziehung" zwischen Gott und Mensch zu tun. Der Gottesdienst ist darum auch von einer asymmetrischen Dialektik gekennzeichnet. In der liturgischen Feier begegnen sich in Balance, dogmatisch korrekt formuliert, die christologischen Kategorien „ganz Gott" und „ganz Mensch". Und es ist auch richtig, dass sich beide Dimensionen so gegenseitig durchdringen, dass man sie nicht auseinander definieren oder analysieren kann. Aber ihr Verhältnis bleibt trotzdem asymmetrisch. Der Mensch wird zwar geadelt dadurch, dass er auf Augenhöhe zum Partner Gottes wird, er wünscht sich aber, dass Gott, der Gott sei Dank eben „ganz Gott" ist, ihn insgeheim überwältigt. Der Mensch bleibt im Gottesdienst Gott sei Dank „ganz

Mensch", aber eben auch „leider". Er kann durch seine eigenen Schwächen oder Ängste die gottesdienstliche Feier fast bis zur Unkenntlichkeit beschädigen oder sie fast bis zur Bedeutungslosigkeit marginalisieren. So wie der Gottesdienst ein Offenbarungsgeschehen ist, in dem verschlüsselt gefeiert wird, wie und als wer der Mensch sich Gott offenbart, so wird der Mensch nicht nur seine hellen Seiten, seine Wünsche und Hoffnungen offenlegen, sondern auch seine dunklen Seiten. Dem göttlichen Abgrund von Lobpreis und Segen treten die menschlichen Abgründe von Sündhaftigkeit, Raserei und Blasphemie entgegen. Es ist fast so, als müsste der Balancierkünstler auf dem Drahtseil auf der eine Seite seiner Balancierstange immer mehr Kraft anwenden als auf der anderen, um nicht zu stürzen.

Solch einer asymmetrischen Dialektik begegnen wir jeweils in den Zusammenhängen: Einheit der Kirche im Gottesdienst und konfessionelle Exklusivität; geschichtliche Formen des Gottesdienstes und ihre Adaptionen in der Gegenwart; das gemeinschaftliche Handeln im Gottesdienst und die Rolle oder der Auftritt derer, die ein Amt in ihm ausüben; Architektur, Kunst und Musik als transzendent offene Ausdrucksformen oder als immanent eingesetzter Gefühlsausdruck; Gottesdienst als Träger von Gesellschaftskritik oder als Bewahrer einer höheren Ordnung. Es gilt für die Liturgie als Ganze, was *Jean-Luc Marion* über der Ikone aussagt: Entweder ist sie der Prototyp der Gottesverehrung, bei dem auf sichtbarem Holz das unsichtbare Bild Christi zu erkennen ist und daher am Kreuz Christi die göttliche Natur Christi bekannt werden kann, oder „eine Vorbühne, die keine Hinterwelt überragt" (Marion, 99), auf der der Mensch seine eigenen Idole produziert, seinen eigenen besessenen Machtwillen auslebt und sogar die opfert, die er eigentlich verherrlichen will.

Die dialektische Gefährlichkeit des Gottesdienstes lässt auf der einen Seite keinen Einwand gegen das göttliche Geschehen zu, ist aber auf der anderen Seite umso mehr Missverständnissen ausgesetzt. *Helmut Echternach* sieht die Realpräsenz Christi im Heiligen Mahl auch deshalb als Wahrheit an, weil seine unkenntliche Verborgenheit – und seine unfassbare, unbekämpfbare und alles niederwerfende Realität – zugleich unerschöpflichen Stoff für alle antichristliche Polemik bietet. „So unheimlich ist unser Amt! Der Altar ist von Höllenflammen um lodert." (Echternach, Segnende Kirche, 77) Diesem Charakter der dialektischen Gefährlichkeit kann und darf der Gottesdienst nicht entkommen. Dem Geheimnis des Mysteriums Gottes tritt das Mysterium der Bosheit zur Seite. Der lutherische Glockenkundler *Gottfried Jürgensmeyer* (1928–1992) beschreibt es drastisch, wenn er vom Antimysterium spricht, zu dem das Mysterium mutieren kann. „Unter notdürftigster und damit auch dürftigster Beibehaltung heiliger Zeichen und heiligster Symbole wird zur Verschleierung der eigenen Absichten alles substantiell verändert. Heiliges und Unheiliges wird so raffiniert miteinander vermengt, dass es unmöglich erscheint, diese Mischung je wieder aufzulösen. Untrügliches Zeichen solcher Vermischung ist die Umwandlung des herkömmlichen Gottesdienstes zu Aktions- und Diskussionsveranstaltungen und, damit verbunden, die Verlagerung der Aufmerksamkeit auf einen nach außen gerichteten soziologischen und sogar tagespolitischen Dienst an der Welt. An die Stelle des gottesdienstlichen Mysteriums tritt eine volkspädagogische Lehr- und Zweckhaftigkeit des Gottesdienstes als Mittel zu allermöglicher Belehrung. Die Kommunion dient dazu nur als bloßes Zeichen der jeweiligen Solidargemeinschaft." (Jürgensmeyer, 44f.)

Der Apostel Paulus weist im Römerbrief (Röm 11) auf die Doppelgesichtigkeit des Gottesdienstes im Volk Israel am Beispiel der Aussagen aus dem 1. Buch der Könige hin. Auf der einen Seite haben sie die Altäre Gottes zerbrochen und seine

Propheten getötet, das heißt Israel selbst ist fremden Göttern gefolgt und hat das Erbe des Herrn und seinen Bund mit ihm verraten. Auf der anderen Seite wird aber Gott in seiner Rache durch das Schwert die übrig lassen, die dem Götzendienst nicht gefolgt sind. „Ich will übrig lassen siebentausend in Israel, alle Knie, die sich nicht gebeugt haben vor Baal, und jeden Mund, der ihn nicht geküsst hat." (1. Kön 19, 18)

11.2. Banalisierung oder Heiligung

Besucht man in Deutschland Gottesdienste der verschiedenen Kirchen und Gemeinden, kann man sich des Eindrucks nicht erwehren, dass es sich vielfach um gut gemeinte, mit wenigen Handgriffen ansprechend gemachte Kulturveranstaltungen handelt, zu denen sich wie bei einem Verein eine Klientel einfindet, die von einer kleinen Schar Ehrenamtlicher umsorgt wird. Es ist eine Mischung von Kultur- und Aktionsgemeinschaft, die eine Auswahl dogmatischer und ethischer Elemente des Christentums bewahren will. Eine Mischung von klassischen oder ehemals volkstümlichen Kirchenliedern wird bereichert durch neu kreierte Sacro-Pop-Schöpfungen, die auch emotional besser ansprechend sein sollen. Bei sogenannten „Festgottesdiensten" oder Hochämtern können die bereichernden Elemente hochgefahren werden. Katholische Messen oder Kommunionfeiern halten noch am sonntäglichen Altarsakrament fest, im evangelischen Bereich bleibt das Abendmahl eine gelegentliche Ergänzung. Die Besucher betreten eine gestaltete Ideenwelt, in der es um das Festhalten an Versatzstücken geht, die anscheinend den Menschen früher mehr bedeutet haben als heute. Darum versuchen die Predigten und Einführungen erklärungslastig zu retten und zu bewahren, was aufbewahrenswert am Christentum ist. Kleine Scharen von Gottesdienst-

11.2. Banalisierung oder Heiligung

teilnehmenden verloren in großen Kirchen oder sich um neue Altäre und gestaltete Mitten versammelnde Kreise lassen erahnen, dass dort, wo heute nur noch Rinnsale sind, früher einmal Ströme vorhanden gewesen sein müssen. Wo früher ein Gletscher war, bleibt heute leider nur die „Endmoräne" (*Thomas Moore*), die so gestaltet wird, dass sie auf den früheren Gletscher hinweist. Man zelebriert aber die gebrochene Identität wie eine Tugend. Werteordnung, Menschenrechte und Solidarverpflichtungen sind die weltlichen Kinder der Kirche, auf die man mit Stolz blicken kann. Doch bleibt solches gottesdienstliches Treiben doch seltsam blind, taub, gelähmt, aussätzig, wie eine traurige Satire und verunglückte Talk-Show. Ein „Socialinteracting"-Gottesdienst mit „Easy listening", Betroffenheitsremolo, „Happy Meal" und moralischen Rezepten stößt vielleicht noch im kirchlichen Restmilieu auf gelegentliches Interesse, wird aber vom säkularisierten Gutmenschen kaum mehr beachtet. Ein solcher Gottesdienst hat sich selbst sorgfältig verharmlost und abgeschafft.

Um diesen gottesdienstlichen Welten einen instinktiven Spiegel vorzuhalten, sei hier versucht, das Gegenteil auszumalen. Der Gottesdienst „funktioniert" nicht gelegentlich, er muss Teil und Schirm des normalen und des außergewöhnlichen Lebensvollzuges sein. Der Gottesdienst lebt nicht von Erklärungen, sondern die Riten des Gottesdienstes sprechen aus sich selbst, in ihnen sind Lebens- mit Glaubenserfahrung verbunden. Der Priester muss auch nicht persönlich nett sein und ein Kumpel „zum Anfassen", mit dem man gern ein Bier trinkt, damit man ihm die religiöse Botschaft persönlich abnehmen kann. Er muss jemand sein, dem man abspüren kann, dass er trotz menschlicher Schwächen in der Nachfolge Jesu Christi steht und aus dieser Nachfolge mit den Menschen umgeht. Sein äußerer und innerer Platz ist am Altar. Dort sind sein Dienst und sein Leben verortet. Im Gottesdienst geht es nicht um Ethik und Un-Ethik, es geht letztlich um Leben und Tod. Um Leben und Tod des Erlösers Jesus Christus, der sich mit dem Leben und Tod der Glaubenden, die ihm nachfolgen, als Wort Gottes, Brot des Lebens und segnender Lobgesang verbindet. Im Gottesdienst wird das Leben der auf Erden betenden Kirche und das Schicksal der einzelnen Gläubigen umfangen und durchdrungen von der „Masterstory" der Heilgeschichte, nämlich wie das Leben im Anfang war und in Ewigkeit sein wird.

Es geht um eine gefährliche Seriosität. Der Reformierte Heidelberger Katechismus fragt: „Was ist dein einziger Trost im Leben und im Sterben?" Der Kleine Katechismus Luthers wiederholt im „ersten Hauptstück" immer wieder: „Wir sollen Gott fürchten und lieben." Bei der katholischen monastischen Profess betet der Kandidat oder die Kandidatin: „Nimm mich auf, o Herr, und ich werde leben. Lass nicht zuschanden werden mein Vertrauen." Der orthodoxe Priester betet leise beim „Inständigen Gebet": „Sende dein Mitleid herab auf uns und auf dein ganzes Volk, das da erwartet von dir das reiche Erbarmen". Der Mensch begegnet aus der Gefährlichkeit seines Lebens dem Dreieinigen Gott. Und die Begegnung mit ihm ist ebenfalls gefährlich. Im Gottesdienst gehet es um „alles", um unser Leben und unseren Tod innerhalb seines Todes und seines Lebens. Ist das vielleicht einer der Gründe, warum die geistlichen Berufe nicht mehr attraktiv erscheinen, weil man heute in vielen Gottesdiensten den Eindruck gewinnen kann, es geht eigentlich um nichts mehr? Wer Rettungssanitäter wird, der kämpft wenigstens noch um Leben und Tod. Gefährlich ist es, bei einer schweren Erkrankung im Krankenhaus operiert zu werden, noch gefährlicher ist es dann, nicht mehr operiert werden zu können. Gefährlich ist es, Gott im Gottesdienst zu begegnen, noch gefährlicher ist es, ihm im Gottesdienst nicht zu begegnen.

11.3. Geheiligt werde dein Name

Für den rumänischen Religionswissenschaftler *Mircea Eliade* (1907–1986) gehört der Gottesdienst in den Bereich der Hierophanie und Theophanie. Es geht um den Einbruch des Religiösen in die Welt, der in ihr eine kosmische Mitte, eine Neuschaffung der Welt und eine Regeneration der Zeit anzeigt. Er zeigt die Existenz des Heiligen an und transzendiert die Welt. Für *Eliade* ist der moderne, sich areligiös verstehende Mensch eine tragische Existenz, die sich eine eigene religiöse Welt erschafft, die zwar nicht ohne Größe ist, die aber ihre Vergangenheit allein durch ihre Verneinungen nicht abschütteln konnte. Ein solcher Mensch wird verfolgt von den Realitäten, denen er abgeschworen hat. So bleibt er weiterhin gebunden an eine „ganze verkappte Mythologie und viele verwitterte Ritualismen" (Eliade, 176). Er neigt zu hybriden Formen von niederer Magie, die degenerierte religiöse Formen tradiert, auch wenn ein solcher Mensch sich als areligiös empfinden. Der religionslose Mensch beteiligt sich fortan an „Pseudoreligionen und abgesunkenen Mythologien", die aus den Strukturen des Unterbewussten kommen. Auch er hat „Heimweh nach dem Paradies". So wie in der jüdisch-christlichen Tradition nach dem ersten Sündenfall berichtet wird, dass der Mensch zwar geistig blind geworden war, verfügte er doch weiterhin über eine Religiosität auf der Ebene eines gequälten Bewusstseins, mit der er dennoch die Spuren Gottes in der Welt finden konnte. Beim Menschen, der meint, die Religion abgelegt zu haben, tritt nun ein weiterer Sündenfall ein. Nach diesem sinkt die Religiosität eine Stufe tiefer in den Abgrund des Unbewussten.

Der Sozialphilosoph *Hans Joas* geht in seinem Ansatz einen Schritt weiter. Er beschreibt das Phänomen der Selbstsakralisierung bei denen, die Ansprüche auf die Gestaltung aller Kultursphären und Funktionssysteme der Gesellschaft haben. Dabei geht es nicht nur um die Bereiche, die konventionell religiös klassifiziert werden oder bei denen ein Religionsbegriff in Anspruch genommen wird. Sondern er vertritt eine „anthropologische Universalität der Erfahrungen der ‚Selbsttranszendenz' und der sich daraus ergebenden Zuschreibungen von ‚Heiligkeit'" (Joas, 440). Er beschreibt damit sozusagen eine „religiöse Pointe" der Sozialwissenschaften. Die „Macht des Heiligen" ist für ihn nicht die einzige existierende Macht, aber sie ist „keineswegs nur metaphorisch gemeint". Sie geht aus Erfahrungen hervor und schafft Bindungen aus tiefen Quellen der Lebenskraft. Sie bezieht vorreflexive Gegebenheiten unserer alltäglich erfahrbaren Welt mit ein.

Ein typisches Beispiel für das komplexe Phänomen des Heiligen, bei dem sich viele Ebenen beobachten und analysieren lassen, sei hier angeführt. Beim Großen Zapfenstreich der Bundeswehr erklingt nach der Aufforderung „Helm ab zum Gebet!" von der Militärkapelle instrumental, also ohne Text, der feierliche Hymnus „Ich bete an die Liebe, die sich in Jesus offenbart". Dieser Hymnus ist somit ein religiöser Moment für Soldaten und Staatsbürger aller Konfessionen, Religionen und natürlich auch für areligiöse Weltanschauungen. Auch ohne Text wird die religiöse Emotion übertragen. Der Hymnus wurde nach russischem Vorbild in das militärische Ritual durch den Preußenkönig *Friedrich Wilhelm III.* (1770–1840) eingefügt. Er bildete in gewisser Weise auch die religiöse Einheit der „Heiligen Allianz" von 1815 ab, zu der sich die europäischen Mächte Russland, Österreich und Preußen verpflichteten. Der Text ist von dem evangelischen Prediger *Gerhard Tersteegen* (1697–1769) im Jahr 1750 verfasst. Er sollte ursprünglich zu einer anderen Melodie, nämlich zur Weise des populären Kirchenliedes „Wer nur den lieben Gott lässt walten", gesungen werden. Die im Großen Zapfenstreich verwendete Melodie stammt von dem in St. Petersburg wirkenden orthodoxen, ukrainischen Komponisten *Dmitri S. Bortnjanski* (1751–1825), der diese zu dem später als Freimaurerlied bekannt gewordenen Text „Wie gepriesen ist unser Herr in Zion" komponierte. Die Zusammenführung von *Terstegens* Text und *Bortnjanskis* Melodie erfolgte durch den ehemaligen katholischen Priester und dann in St. Petersburg als evangelischer Pfarrer tätigen *Johannes Goßner* (1773–1858) und seinen russischen Organisten. Der Text des Hymnus durchlief mehrere Revisionen, findet sich aber zurzeit nur in zwei Anhängen des evangelischen Gesangbuches und in den Gesangbüchern der Methodisten und Mennoniten. Dieses Beispiel zeigt, dass das Phänomen des Heiligen, wie immer man es auch bewerten mag, nach eigenen Gesetzen tradiert wird und sich nach eigenen Regeln durchsetzt. Natürlich kann man auch hier kritisch anmerken, dass sich Formen und Fehlformen mischen können und dass Instrumentalisierungen und Manipulationsmöglichkeiten nicht unmöglich sind. Es bleibt aber festzuhalten, dass man das Phänomen der Macht des Heiligen weder machen noch konstruieren oder für eine Liturgie inszenieren kann. Man kann aber auch nicht behaupten, dass es dieses Phänomen nicht geben würde.

Eine christliche Liturgik, die das Phänomen der Macht des Heiligen, die hiero- und theophanische Dimension des Gottesdienstes übersieht, macht sich selbst zu einer tragischen, vielleicht sogar tragikomischen Variante einer religiösen Veranstaltung. Auch die aufgeklärte kommunikationsaktive Form einer gottesdienstlichen Veranstaltung entrinnt nicht dem, was die christliche Liturgie im Verborgenen sein soll oder eigentlich ist. Wenn man Anbetung, Gottesfurcht und Hingabe, also das Mysterium des heiligen Geschehens, das im christlichen Kultus der Heiligen Eucharistie überliefert ist, eliminiert, zerstört man die genuinen anthropologischen Anknüpfungspunkte des Glaubens. Man verhindert, dass die Liturgie die Men-

11. Zukunft

schen und den Kosmos hinein nimmt in einen realen Wandlungs-, Verklärungs- und Vollendungsprozess, der durch eine erbetene und sich offenbarende Gottesbegegnung geschehen kann.

Dem französisch-rumänischen Dramatiker *Eugène Ionesco* (1909–1994), einem bedeutenden Vertreter des „Absurden Theaters", wird zugeschrieben, dass er in der ihm typischen Weise die Welt seiner Zeit gesehen habe vor der grundsätzlichen Entscheidung „zwischen Anbetung oder Selbstmord". Wendet man diese Sicht auf den heutigen christlichen Gottesdienst an, muss man formulieren: Auch dieser steht vor der Entscheidung zwischen Anbetung und Selbstzerstörung.

Literaturübersicht

Quellen

Barth, Friedrich Karl und Grenz, Gerhard und Horst, Peter, Gottesdienst menschlich, 5. Aufl. Wuppertal 1989

Barth, Karl, Gesamtausgabe I, 12, Predigten (1954–1967), Zürich 1979

Bischof **Bartholomaios von Arianz** (u.a.), Synodos. Die offiziellen Dokumente des heiligen und großen Konzils der Orthodoxen Kirche, Bonn 2018

Bischofskonferenzen Deutschland (u.a.) (Hgg.), Messbuch: die Feier der Heiligen Messe; für die Bistümer des deutschen Sprachgebietes; authentische Ausgabe für den liturgischen Gebrauch, Einsiedeln [u.a.] 1975

Bukowski, Peter (u.a.), Reformierte Liturgie: Gebete und Ordnungen für die unter dem Wort versammelte Gemeinde, 3. Aufl. Göttingen 2010

Bulgakov, Sergij, Die Orthodoxie. Die Lehre der orthodoxen Kirche, Trier 1996

Bürgener, Karsten, Die St. Ansgar-Messe, 2. Auflage, Bremen 2005

Calvin-Studienausgabe I, Reformatorische Anfänge (1533–1541), Neukirchen-Vluyn 1994

Corpus Reformatorum, Huldreich Zwinglis sämtliche Werke, Leipzig 1905

Das Augsburger Bekenntnis, https://www.velkd.de/theologie/augsburger-bekenntnis.php (abgerufen am 31.10.2020)

Dekanekonferenz, Standpunkte und Diskussionsanregung zum Online-Abendmahl, Landau, 7. Okt. 2020

Deutsche Bibelgesellschaft (Hg.), Die Bibel, Standardausgabe mit Apokryphen, Stuttgart 1985

Eliade, Mircea, Das Heilige und das Profane. Vom Wesen des Religiösen, Frankfurt 1998

Evangelisch-Lutherische Landeskirche Hannovers. Der Landesbischof, Brief zu Ostern 2020, Hannover 2020

Evangelische Michaelsbruderschaft (Hg.), Die Feier der Evangelischen Messe, Göttingen 2019

Fraternitas Sancti Athanasii (Hg.), Die heilige Messer nach lutherischer Tradition für die St.-Athanasius-Bruderschaft und den St.-Athanasius-Kreis, Negenborn 1985

Inter oecumenici, Instruktion zur ordnungsgemäßen Durchführung der Konzilskonstitution über die heilige Liturgie Sacrosanctum concilium, http://www.kathpedia.com/index.php/Inter_oecumenici_(Wortlaut) (abgerufen 18.10.2020)

Heiler, Friedrich (Hg.), Deutsche Messe oder Feier des Herrenmahls nach altkirchlicher Ordnung, München 1948

Herbst, Wolfgang, Quellen zur Geschichte des evangelischen Gottesdienstes von der Reformation bis zur Gegenwart, Göttingen 1968

Horkheimer Max und Adorno, Theodor W., Dialektik der Aufklärung. Philosophische Fragmente, 21. Aufl. Frankfurt am Main 2013

Kallis, Anastasios (Hg.), Liturgie, 2. Aufl. Mainz 1993

Kirchenleitung der Vereinigten Evangelisch-Lutherischen Kirche Deutschlands (Hg.), Agende für evangelisch-lutherische Kirchen und Gemeinden, Erster Band, Der Hauptgottesdienst mit Predigt und heiligem Abendmahl (Die evangelische Messe), 4. Aufl. Berlin und Hamburg 1969

Kirchenleitung der Vereinigten Evangelisch-Lutherischen Kirche Deutschlands und im Auftr. des Rates von der Kirchenkanzlei der Evangelischen Kirche der Union (Hg.), Evangelisches Gottesdienstbuch: Agende für die Evangelische Kirche der Union und für die Vereinigte Evangelisch-Lutherische Kirche Deutschlands, Berlin 1999

Landeskirchenrat der Evangelischen Kirche der Pfalz (Protestantische Landeskirche), Kirchenagende. Kirchenbuch für die Evangelische Kirche der Pfalz (Protestantische Landeskirche), Bd. I u. II, Speyer 2006

Leuenberger Konkordie, Konkordie reformatorischer Kirchen in Europa, https://www.ekd.de/Leuenberger-Konkordie-II-Das-gemeinsame-Verstandnis-des-Evangeliums-11307.htm (abgerufen 23.10.2020)

Ökumenischer Gottesdienst am Fest Kreuzerhöhung, Broschüre, Rottenburg-Stuttgart 2017

Orientalium Ecclesiarum, Über die katholischen Ostkirchen, http://www.vatican.va/archive/hist_councils/ii_vatican_council/documents/vat-ii_decree_19641121_orientalium-ecclesiarum_ge.html (abgerufen 16.10.2020)

Oosterhuis, Huub, Ganz nah ist dein Wort, 5. Aufl. Wien-Freiburg-Basel 1969

Patriarchale Liturgiekommission der Ukrainischen Griechisch-Katholischen Kirche (Hg.), Die Göttlichen Liturgie unseres heiligen Vaters Johannes Chrysostomos, München-Eichstätt-Paderborn 2013

Priesterbruderschaft St. Petrus (Hg.), Ordo Missae mit Choral- und Liedanhang, 5. Aufl. Thalwil 2012

Ritter, Karl Bernhard, Die Eucharistische Feier, Kassel 1961

Russische Orthodoxe Diözese des Orthodoxen Bischofs von Berlin und Deutschland, Orthodoxes Gebetbuch, 4. Aufl. München 2010

Schulz, Frieder, Die Lima-Liturgie, Kassel 1983

Schweizerische Bibelgesellschaft (Hg.), Byzantinischer Text Deutsch-Die Evangelien, Biel 2018

Sacrosanctum Concilium, Konstitution über die heilige Liturgie, http://www.vatican.va/archive/hist_councils/ii_vatican_council/documents/vat-ii_const_19631204_sacrosanctum-concilium_ge.html (abgerufen 16.10.2020)

Studienabteilung Lutherischer Weltbund (Hg.), Northfield-Erklärung zu Fragen des Gottesdienstes in: **Brand, Eugene L.** (Hg.), Gottesdienst in lutherischen Kirchen, Genf 1983, 5–14

Summorum Pontificum, Motu Proprio über den Gebrauch der Römischen Liturgie in der Gestalt vor der Reform von 1970, http://www.vatican.va/content/benedict-xvi/de/motu_proprio/documents/hf_ben-xvi_motu-proprio_20070707_summorum-pontificum.html (abgerufen 20.10.2020)

Thöle, Reinhard und Heeß, Benjamin (Hg.), Gottesdienstbuch. Die Göttliche Liturgie nach der Ordnung der Ukrainischen Lutherischen Kirche. Die Göttliche Liturgie nach der Ordnung der Evangelical Orthodox Church, Groß-Gerau, Seewald-Besenfeld 2020

Übersetzungskommission der Orthodoxen Bischofskonferenz in Deutschland, Die Göttlichen Liturgie unseres heiligen Vaters Johannes Chrysostomos, München 2017

Sekundärliteratur

Alfejev, Hilarion, Geheimnis des Glaubens, ÖKUMENISCHE BEIHEFTE 43, Freiburg Schweiz 2003

Alkier, Stefan und Bauks, Michaela und Koenen, Klaus (Hgg.), Das wissenschaftliche Bibellexikon im Internet, 2007ff., http://www.wibilex.de; (abgerufen 9.10.2020)

Al-Maksin, Matta, Die Erfahrung Gottes im Gebet. Würzburg 2007

Aulen, Gustaf, Das Drama und die Symbole, Göttingen 1968

Bellinger, Andrea und Krieger, David J., Ritualtheorien, 5. Aufl. Wiesbaden 2012

Birnbaum, Walter, Das Kultusproblem und die liturgischen Bewegungen des 20. Jahrhunderts, Band I, Die deutsche katholische liturgische Bewegung, Tübingen 1966, Band II Die deutsche evangelische liturgische Bewegung, Tübingen 1970

Bolz, Norbert, Das Wissen der Religion, München 2008

Bouyer, Louis, Mensch und Ritus, Mainz 1964

Ders., Der Verfall des Katholizismus, München 1970

Braaten, Carl E., Mother Church. Ecclesiology and Ecumenism, Minneapolis 1998

Sekundärliteratur

Bradshaw, Paul F., Reconstructing Early Christian Worship. – London, 2009

Brandenburg, Albert, Luthers Auslegung des Magnificat. In: **Luther, Martin**, Das Magnificat verdeutscht und ausgelegt durch D. Martin Luther, Freiburg 1964, 9–29

Ders., Maria in der evangelischen Theologie. Paderborn 1965

Brunner, Peter, Zur Lehre vom Gottesdienst der im Namen Jesu versammelten Gemeinde, in: Leiturgia. Handbuch des evangelischen Gottesdienstes. Band 1, Kassel 1954, 83–364

Bubmann, Peter und Deeg, Alexander (Hgg.), Der Sonntagsgottesdienst: Ein Gang durch die Liturgie, Göttingen 2018

Bultmann, Gabriel H. und Sigel, Wolfgang, Stundenbuch für den Alltag, Graz 1991

Campbell, Joseph, Der Heros in tausend Gestalten, 6. Aufl. Berlin 2019

Campbell, Joseph, Lebendiger Mythos, München 1985

Correa Salles, Carlos A., Beim Teufel zur Beichte gehen. Die archetypische Dimension der Religiosität, Frankfurt 2013

Drewermann, Eugen, Kleriker: Psychogramm eines Ideals, Kevelaer 2019

Duerr, Hans Peter, Diesseits von Eden: Über den Ursprung der Religion, Berlin 2020

Echternach, Helmut, Die verborgene Wahrheit. Von den Grenzen des Denkens und der jenseitigen Wahrheit, Berlin 1938

Ders., Ist unsere Verkündigung Gottes Wort? in: Pastoralblätter 80, 1 (1937), 5–15

Ders., Segnende Kirche, Hamburg 1968

Felmy, Karl Christian, Die Heiligen als Leitbilder für die Kirche und ihr Zeugnis in der Welt, in: **Schwarz, Klaus** (Hg.), Bilaterale theologische Dialoge mit der Russischen Orthodoxen Kirche (Studienheft 22), Hermannsburg 1996, 363–372

Ders., Vom urchristlichen Herrenmahl zur Göttlichen Liturgie, Oikonomia Band 39, Erlangen 2000

Gamber, Klaus, Gemeinsames Erbe, Liturgische Neubesinnung aus dem Geist der frühen Kirche, 1. Beiheft aus den STUDIA PATRISTICA ET LITURGICA, Regensburg 1980

Gogol', Nikolaj V., Betrachtungen über die Göttliche Liturgie, Würzburg 1989

Greiner, Ulrich, Heimatlos. Bekenntnisse eines Konservativen, Reinbek 2017

von Harnack, Adolf, Das Wesen des Christentums, 3. Aufl. Tübingen 2012

Illert, Martin, Bildbetrachtung als Therapie, in: Orthodoxie Aktuell 19, 2015, 2–7

Joas, Hans, Die Macht des Heiligen, Berlin 2017

Jung, Carl Gustaf, Zur Psychologie der Messe, in: (Ders.), Psychologie und Religion, 4. Aufl. Freiburg 1984

Jürgensmeyer, Gottfried, Sonor Mysterii, Das Mysterium Gottes und seine Verherrlichung durch das Lob der Glocken, München 1993

Kuschel, Karl-Josef, Festmahl am Himmelstisch.Wie Mahl feiern Juden Christen und Muslime verbindet, Ostfildern 2013

Landeskirchenrat der ELKB (Hrsg.), Das Heilige Abendmahl. Bedeutung und Praxis. 2. Aufl. München 2005

Lang, Uwe Michael, Conversi ad dominum, 5. Aufl. Einsiedeln 2010

Lorenzer, Alfred, Das Konzil der Buchhalter, Frankfurt 1984

Lowenthal, David, The Past is a Foreign Country, Cambridge 2015

Marion, Jean-Luc, Die Öffnung des Sichtbaren, Paderborn 2005

Menke, Karl-Heinz, Sakramentalität. 4. Aufl. Regensburg 2020

Mereschkowskij, Dimitrij S., Jesus der Unbekannte, Leipzig 1939

Merton, Thomas, Christliche Kontemplation, München 2010

Meßner, Reinhard, Die Meßreform Martin Luthers und die Eucharistie der Alten Kirche, Innsbruck 1989

Meyer, Hans Bernhard, Luther und die Messe, Paderborn 1963

Miklos, Tamas, Der kalte Dämon, München 2016

Mosebach, Martin, Häresie der Formlosigkeit, Hamburg 2019

Nasr, Constantin, The Bible in the Liturgy, Oklahoma City 1988

Nicol, Martin, Weg im Geheimnis. Plädoyer für den Evangelischen Gottesdienst, 3., erw. Aufl. Göttingen 2011

Mykhaleyko, Andriy, Die katholischen Ostkirchen, Bensheimer Hefte 113, Göttingen 2012

Moore, Thomas, The Soul's Religion, New York 2002

Ders., Writing in the sand: Jesus and the soul of the gospels, Carlsbad CA, 2009

Plüss, David, Die Tiefenstruktur des reformierten Gottesdienstes, in: **Kerner, Hans und Müller, Konrad** (Hgg.), Tiefendimensionen des Gottesdienstes, Leipzig 2016, 55–71

Priesterbruderschaft St. Pius X., Neue Sehnsucht nach dem alten Ritus, Altötting 2006

Raschzok, Klaus, Die Tiefenstruktur des lutherischen Gottesdienstes und ihre Konsequenz für die gegenwärtige lutherische Identität, in: **Kerner, Hans und Müller, Konrad** (Hgg.), Tiefendimensionen des Gottesdienstes, Leipzig 2016, 19–53

Ratzinger, Joseph, Benedikt XVI., Der Geist der Liturgie, Freiburg 2000/2001

Schmemann, Alexander, Eucharistie. Sakrament des Gottesreiches, Freiburg 2005

Ders., Aufzeichnungen 1973–1983, Freiburg 2002

Schneider, Michael, Das Sakrament der Eucharistie, Edition Cardo 91, Köln 2003

Ders., Theologie des christlichen Gebetes, Würzburg 2015

Schweppenhäuser, Gerhard, Ästhetik, Frankfurt 2007

Selawri, Alla, Herzensgebet, Ulm 1964

Metropolit **Seraphim (Lade)**, Die Ostkirche, Stuttgart 1950

St. John (Maximovitch), About Prayer, Kazan 1997

Stählin, Wilhelm, Mysterium. Vom Geheimnis Gottes, Kassel 1970

Taft, Robert F., The Byzantine rite: a short history, Collegeville Minn. 1992

Thomas, Edith (Hg.), Das kleine Kirchenbuch, Kassel 1960

Thöle, Reinhard, Mit Gottesfurcht, Glaube und Liebe? Historische Liturgien und die Einheit der Kirche, in: **Augustin, Regina** (u.a.), Liturgie als Chance und Herausforderung für die Ökumene, PRO ORIENTE Band XLI, Innsbruck-Wien 2018, 124–129

Ders., Die Göttliche Liturgie und die Versuchungen Jesu in der Wüste, in: **Kremer, Thomas** (Hg.), „Dein Antlitz, Herr, will ich suchen!" Selbstoffenbarung Gottes und Antwort des Menschen (KOINONIA ORIENS Band 55), Münster 2019, 379–388

Thurian, Max, Eucharistie, Mainz 1963

Ders., Gemeinsam glauben-Gemeinsam handeln, Mainz 1967

Tyciak, Julius, Gegenwart des Heils in den östlichen Liturgien, SOPHIA Band 9, Freiburg 1968

van der Leeuw, Gerardus, Sakramentales Denken, Kassel 1959

von Wistinghausen, Kurt, Der neue Gottesdienst, 4. Aufl. Stuttgart 1987

Vorgrimler, Herbert (Hg.), Amt und Ordination in ökumenischer Sicht, QUAESTIONES DISPUTATAE 50, Freiburg 1973

Williams, Benjamin D. und Anstall, Harold B., Orthodox Worship. A Living Continuity with the Synagogue, the Temple and the Early Church, Minneapolis 1990